A DRAMATURGIA E A ENCENAÇÃO NO ESPAÇO NÃO CONVENCIONAL

FUNDAÇÃO EDITORA DA UNESP

Presidente do Conselho Curador
Mário Sérgio Vasconcelos

Diretor-Presidente
José Castilho Marques Neto

Editor-Executivo
Jézio Hernani Bomfim Gutierre

Conselho Editorial Acadêmico
Alberto Tsuyoshi Ikeda
Áureo Busetto
Célia Aparecida Ferreira Tolentino
Eda Maria Góes
Elisabete Maniglia
Elisabeth Criscuolo Urbinati
Ildeberto Muniz de Almeida
Maria de Lourdes Ortiz Gandini Baldan
Nilson Ghirardello
Vicente Pleitez

Editores-Assistentes
Anderson Nobara
Fabiana Mioto
Jorge Pereira Filho

EVILL REBOUÇAS

A DRAMATURGIA E A ENCENAÇÃO NO ESPAÇO NÃO CONVENCIONAL

© 2009 Editora Unesp

Direitos de publicação reservados à:
Fundação Editora da Unesp (FEU)
Praça da Sé, 108
01001-900 – São Paulo – SP
Tel.: (0xx11) 3242-7171
Fax: (0xx11) 3242-7172
www.editoraunesp.com.br
www.livrariaunesp.com.br
feu@editora.unesp.br

CIP – Brasil. Catalogação na fonte
Sindicato Nacional dos Editores de Livros, RJ

R24d

Rebouças, Evill
  A dramaturgia e a encenação no espaço não convencional / Evill Rebouças. São Paulo : Ed. Unesp, 2009.
  il.
  Inclui bibliografia
  ISBN 978-85-7139-920-4

  1. Teatro da Vertigem (Grupo teatral). 2. Cia. Artehúmus de Teatro (Grupo teatral). 3. Representação teatral. 4. Artes cênicas – São Paulo (Estado) – História. 5. Teatro – São Paulo (Estado) – História. I. Título.

09-2073   CDD: 792.098161
                                       CDU: 792(815.6)

Este livro é publicado pelo projeto Edição de Textos de Docentes e Pós-Graduados da Unesp – Pró-Reitoria de Pós-Graduação da Unesp (PROPG) / Fundação Editora da Unesp (FEU)

Editora afiliada:

A
Carol Bezerra,
Solange Moreno e
Vanessa Gerbelli,
mulheres que geram, entre tantas coisas,
alimento para a minha história.

AGRADECIMENTOS

A todos os professores que me orientaram no percurso de minha formação intelectual e humana, em especial à professora Berenice Raulino, pela orientação, pelo incentivo e pela dedicação.

Aos mestres que doaram saberes inestimáveis para a realização deste trabalho:

Claudete Ribeiro, Felisberto Sabino da Costa, Ingrid Koudela, José Manuel Lázaro de Ortecho Ramírez, Mário Bolognesi, Sílvia Fernandes e Reynuncio Napoleão de Lima.

Ao mestre do saber e da vida, Alexandre Mate.

A Andréa Taubman e Davi Taiu, amigos que traduzem fielmente o sentido da palavra amizade, e que por vezes me ajudaram a traduzir palavras indizíveis para nossa língua.

Sumário

Prefácio **11**
Introdução **15**

1 Dramaturgias em processo **19**
2 Traços estilísticos de uma dramaturgia híbrida **69**
3 A historicidade do espaço como elemento
dramatúrgico **123**

Considerações finais **177**
Referências bibliográficas **183**
Anexos **191**

PREFÁCIO

No decorrer da história do teatro, várias experimentações são feitas no sentido de deslocar a ação cênica para um espaço não concebido como edifício teatral. Desde o começo do século passado, diretores adotam a prática com o intuito de causar estranhamento, alterar e expandir possibilidades de leitura de textos dramáticos.

As experiências feitas na atualidade trazem a marca da construção dramatúrgica que alia texto e encenação em um mesmo ato de criação; ou, quando os processos têm início a partir de textos previamente escritos, estes são alterados no período de ensaios pela intervenção ativa de todos integrantes do grupo.

Não apenas o texto se torna pregnância do coletivo, como a encenação deixa também de ter a marca de um único diretor, pois ao ser elaborada assimila igualmente muitas das descobertas feitas pelo grupo, embora sejam muitas vezes mantidas as indicações de funções nas fichas técnicas dos espetáculos.

Nos espetáculos analisados por Rebouças, o espaço é fator preponderante nesse universo de descobertas e é sempre explorada a tensão entre a semântica própria de cada lugar e a proposta fabular que se opõe ao significado histórico entranhado naqueles locais; são criadas assim zonas de fricção que ampliam a significação do discurso. Não apenas o interior do espaço é considerado para as encenações, mas também a sua imbricação na cidade e os tipos de pessoas que os frequentam. O autor se apoia em áreas complementares de pesquisa; recorre, por exemplo, à topofilia para fundamentar o seu discurso, o que enriquece seu estudo, pois são extrapoladas as fronteiras dos estudos específicos sobre o teatro.

A reflexão abrange não apenas a *Trilogia Bíblica*, do Teatro da Vertigem, mas tem também a vantagem de efetuar uma investigação sobre um espetáculo dirigido pelo próprio pesquisador. Sem dúvida, quando os estudos são alimentados pela efetiva prática de seus realizadores tanto o teatro como a pesquisa acadêmica têm a ganhar. Reafirma-se assim a associação entre a teoria e a prática.

Recentemente tive a oportunidade de visitar a Igreja de Santa Ifigênia no centro da cidade de São Paulo onde foi encenado *O paraíso perdido*, o primeiro espetáculo da *Trilogia Bíblica*. Pude perceber então como as questões tratadas na pesquisa poderiam também ser pensadas em sentido inverso. Eu conhecera aquele espaço religioso dessacralizado pela representação teatral. Inclusive eu ali chegara por via urbana diversa e tinha a impressão de que a igreja se localizava em local diferente da cidade e não tão central. Tantos anos depois, percebi como permanecem fortemente marcadas em minha memória as cenas desenvolvidas em diversos espaços daquela igreja. O confessionário – fechado naquele momento – guardava para mim a informação da cena de uma personagem feminina ensanguentada. Os bancos em que alguns fiéis se acomodavam naquele momento para rezar, em nada fariam supor que tivessem sido empurrados com força uns contra os outros causando enorme ruído. E a luz filtrada através dos vitrais coloridos era absolutamente nova para mim que como espectadora conhecia apenas fragmentos de figuras de anjos que integram a pintura da abóboda, recortados por focos de lanterna. A igreja tornara-se para mim um local de representação cênica e seria necessário realizar um percurso diferenciado para dotá-lo de carga semântica religiosa.

Este livro tem origem na dissertação homônima realizada por Evill Rebouças no mestrado em Artes do Instituto de Artes da Unesp. É significativa a contribuição que oferece ao analisar procedimentos assumidos por grupos de teatro contemporâneos e poderá constituir fonte de pesquisa para experiências futuras que visem uma práxis fundamentada em conceitos mais amplos do fazer artístico hoje.

BERENICE RAULINO

Introdução

Quando os estudiosos analisam as áreas que constituem uma montagem teatral, geralmente dispensam especial atenção à dramaturgia e à encenação. Diretamente ligado a essas duas pilastras encontra-se o espaço da encenação, elemento que influi consideravelmente na realização do espetáculo teatral.

Ao priorizarmos o estudo do espaço da encenação nesta pesquisa, investigamos as características e os processos que envolvem a criação de textos produzidos a partir da cena e, ainda, as peculiaridades que podem estar relacionadas com espetáculos que utilizam o espaço não convencional como palco. Para tanto, elegemos as montagens realizadas por dois grupos paulistanos: o Teatro da Vertigem e a Cia. Artehúmus de Teatro.

Do primeiro grupo investigamos os textos e as encenações de *O paraíso perdido*, de Sérgio de Carvalho, *O livro de Jó*, de Luís Alberto de Abreu e *Apocalipse 1,11*, de Fernando Bonassi, espetáculos dirigidos por Antônio Araújo e estreados, respectivamente, na Igreja de Santa Ifigênia, no Hospital e Maternidade Humberto Primo e no Presídio do Hipódromo em São Paulo. Da Cia. Artehúmus de Teatro, consideramos os processos e procedimentos de criação de *Evangelho para lei-gos*, peça escrita e encenada pelo autor desta pesquisa que, antes de ser apresentada no banheiro público da Galeria do Viaduto do Chá, foi elaborada a partir de experimentos nos banheiros públicos da Escola Livre de Teatro (ELT) e do Instituto de Artes da Unesp.

A apresentação dos conteúdos investigados é dividida em três capítulos. No primeiro, tratamos das particularidades de uma dramaturgia construída a partir da contribuição de um coletivo criador. O que ocorre na elaboração de um texto que obedece a essa prática coletiva? Até que ponto temos uma visão de mundo compartilhada do assunto e do espetáculo em construção? As características arquitetônicas, bem como a população que circunda o local da encenação interferem na construção dramatúrgica do espetáculo? Para respondermos a essas indagações, analisamos os processos de criação, bem como as questões estéticas e ideológicas relacionadas com o texto elaborado pela cena.

No segundo capítulo identificamos os traços estilísticos desse tipo específico de dramaturgia. Textos escritos a partir de proposições cênicas apresentam maiores contaminações estéticas? Há a predominância de algum traço estilístico no texto em função da interferência da arquitetura e da historicidade do espaço da encenação? A escrita dos textos sofre alteração quando a equipe de criação considera o espaço da encenação como um possível elemento dramatúrgico? À luz dessas indagações, fazemos uma analogia entre a escrita dos textos produzidos pelos dois grupos e conceitos do teatro moderno e pós-dramático.

Analisamos no terceiro e último capítulo as interferências do espaço não convencional na dramaturgia do espetáculo. A historicidade do local da encenação ganha *status* de elemento dramatúrgico? A localização do edifício e a classe social que o circunda, assim como a acessibilidade ao local da representação (livre ou restrita) suscitam interpretações e valorações estéticas do espetáculo? E ainda: os conteúdos temáticos ganham outras dimensões quando o espaço utilizado encontra-se em funcionamento ou desativado?

Para respondermos a essas indagações, consideramos elementos ligados ao campo da percepção e, a partir da carga semântica do local da encenação, investigamos as alterações que ocorrem na recepção do espetáculo.

Além da carga semântica do local da encenação, levamos em conta outras especificidades que podem alterar a percepção do espectador.

Para tanto, recorremos aos estudos relacionados à proxêmica – ciência que estuda as distâncias entre o apreciador e o objeto. Como a carga histórica do local da encenação ainda é um assunto pouco investigado, apropriamo-nos de conceitos pesquisados por geógrafos culturais que identificam alterações de percepção em função de aspectos materiais e não materiais de uma geografia cultural. Recorremos ainda a algumas experiências em espaços não convencionais até o ano de 2000, dentro e fora de nosso País.

Complementando a pesquisa, elaboramos dois anexos. No primeiro, indicamos as principais ações de cada peça, a fim de auxiliar o leitor na compreensão dos temas e fábulas dos textos. Do segundo, constam as fichas técnicas de cada espetáculo.

Ao considerarmos que as montagens pesquisadas primam pelo diálogo entre a historicidade do prédio e a realização cênica, a intenção é ampliarmos os estudos que têm esse tipo de abordagem teatral. Como esse processo de criação não é comum aos moldes de produção vigente, acreditamos que as reflexões apontadas poderão acrescentar informações às incursões que vierem a se realizar em direção à exploração do espaço inusitado, bem como de uma dramaturgia que venha a ser estruturada por um coletivo criador.

1
DRAMATURGIAS EM PROCESSO

Tanto pior se por vezes se trata de fenô-
menos da moda,
é o risco que o assunto corre;
tanto pior se escapam autores a nossa
investigação,
são os limites de nosso trabalho e talvez,
também, de nosso gosto.

Jean-Pierre Ryngaert

Um dos processos que norteia a elaboração dos espetáculos analisados nesta pesquisa refere-se a um modo particular de construção da
dramaturgia e da encenação. Se, comumente, nos meios de produção
teatral a concepção de encenação parte de um texto pronto, no Teatro
da Vertigem e na Cia. Artehúmus de Teatro o processo é o inverso,
pois nesses grupos a dramaturgia e a encenação são construídas ao
mesmo tempo, a partir de experimentos coletivos realizados por
uma equipe.

Nessas montagens, a arquitetura e a historicidade impregnada nos
locais das representações alteram sobremaneira a escrita dramatúrgica
e cênica dos espetáculos, ou seja, ela é ampliada ou ajustada às características do espaço não convencional.

20 EVILL REBOUÇAS

Para avaliarmos as particularidades dessa escrita dramatúrgica específica, identificamos aspectos de suas metodologias de construção, assim como de seus pressupostos poéticos e ideológicos. E, para ampliar a reflexão sobre a complexidade dessa prática, resgatamos, na história do teatro, experiências semelhantes às dos processos investigados.

Um fosso entre o texto e a cena

Embora o teatro seja constituído pela prática que inclui a materialização das ações do texto pelos seus intérpretes e demais criadores, em alguns períodos da história do teatro – principalmente na chamada *dramaturgia clássica*[1] – a criação teatral fica aprisionada a uma visão logocêntrica em que o texto é visto como a ferramenta principal do espetáculo. Assim, é creditado ao texto e, consequentemente, ao dramaturgo, responder por uma das principais pilastras do espetáculo teatral.

Inúmeros autores identificam esse *status* adquirido pelo dramaturgo, se comparado à liberdade de criação concedida ao encenador e aos demais elementos de uma equipe diante do reinado do texto. Patrice Pavis comenta que a vertente textocentrista vê a cena como algo que pode descaracterizar os valores literários da fábula (1999, p.406). Exceção feita aos espetáculos populares, na visão textocentrista é impossível pensar em uma criação efetiva do encenador e dos demais integrantes de uma equipe em relação à dramaturgia; a eles cabe apenas uma espécie de transposição daquilo que se encontra no texto e com isso é reiterado o prestígio dos homens que dominam o ofício da escrita.

No século XIX, o texto é considerado quase sinônimo da encenação teatral. Os diálogos predominam e conduzem as ações, característica

---

1 Para Anne Ubersfeld, a beleza dos clássicos está na sua perfeição formal, modelo absoluto, sistema universal de referências. "O traço distintivo [...] do texto clássico é a continuidade: a distinção-fusão dos atos, a pequena duração temporal, a unidade de lugar (que não significa unidade, mas homogeneidade), a unidade de ação, tanto quanto noções que não cobrem o *uno* mas o *contínuo*, a ausência de ruptura (espacial, temporal, verbal). [...] uma cadeia ininterrupta de ações e emoções". (2002, p.11 e 29-30).

A DRAMATURGIA E A ENCENAÇÃO NO ESPAÇO NÃO CONVENCIONAL 21

que, de certa forma, restringe a visão do encenador sobre o material literário. No século seguinte, os encenadores, ávidos por uma conquista de espaço nas suas criações e devidamente apoiados por práticas sistemáticas – em oposição ao diretor que se limita a indicar os movimentos ou as entradas e saídas dos atores –, finalmente conseguem imprimir na encenação uma leitura particular do texto. As declarações de Anton Tchekhov sobre as intervenções sonoras de Constantin Stanislávski em suas peças são um exemplo dessa tensa relação entre autor e encenador, logo, entre o texto e a cena. Stanislávski é combatido por Tchekhov quando o encenador revigora climas em suas peças pois, para o dramaturgo, a utilização de sonoplastia em determinados momentos do espetáculo constitui-se em um desvio daquilo que ele havia escrito.

Os artistas dos movimentos de vanguarda do início século XX, em oposição ao textocentrismo, passam a considerar os diversos elementos da cena – o trabalho do intérprete, a luz e o local da encenação, dentre outros – como ferramentas efetivas da criação do espetáculo.

Brecht, ao interrogar-se sobre a função do texto dentro do conjunto da realização cênica e os seus diversos significados na representação, produz textos com estruturas simples (as peças de aprendizagem),[2] a fim de oferecer ao intérprete outras possibilidades de leitura quando experimentadas cenicamente. Porém, conforme observa Jean-Jacques Roubine (1998, p.69), a estrutura simplificada da peça de aprendizagem também prevalece – ainda que em menor escala – nas chamadas peças épicas de espetáculo (*spisches schaustück*), pois o autor alemão, assim como Shakespeare e Molière, altera o seu texto a partir das interferências da cena.

A atitude desses autores e de tantos outros contribui, de certa forma, para uma ampliação do conceito de dramaturgia. Se antes esse termo contemplava unicamente a literatura dramática produzida pelo dramaturgo, a partir das interferências do encenador e dos demais ar-

---

2 O termo mais conhecido para designar essa característica dramatúrgica brechtiana é *peça didática* (*Lehrstück*), porém Ingrid Koudela e Alexandre Mate usam o termo *peça de aprendizagem* (*learn play*) por melhor compreender o real significado dos propósitos de Brecht nesse tipo específico de dramaturgia.

tistas envolvidos na criação do espetáculo, tal conceito também passa a abarcar a criação cênica, conforme observa Pavis:

> Dramaturgia designa então o conjunto das escolhas estéticas e ideológicas que a equipe de realização, desde o encenador até o ator, foi levada a fazer. Este trabalho abrange a elaboração e representação da fábula, a escolha do espaço cênico, a montagem, a interpretação do ator, a representação ilusionista ou distanciada do espetáculo. Em resumo a dramaturgia se pergunta como são dispostos os materiais da fábula no espaço textual e cênico e de acordo com qual temporalidade. A dramaturgia, no seu sentido amplo mais recente, tende portanto a ultrapassar o âmbito de um estudo do texto para englobar texto e realização cênica. (1999, p.113-4).

Essa nova compreensão do termo começa a ser exercitada por alguns encenadores que passam a considerar a literatura dramática como um elemento coadjuvante da linguagem cênica. Artaud, ao defender essa prática que inclui a encenação como elemento da dramaturgia do espetáculo, afirma: "Um teatro que submete a encenação e a realização, isto é, tudo aquilo que há nele de especificamente teatral, ao texto, é um teatro de idiota, de louco, de invertido, de gramático, de vendeiro, de antipoeta e de positivista, isto é, de ocidental" (1999, p.77).

Ao reivindicar o seu espaço enquanto criador, Artaud proclama não só a apropriação do espetáculo pelo encenador, mas inclusive a morte ao texto de gabinete. A partir dessa premissa, o encenador muda o ponto de partida da sua criação e subverte as leis habituais do teatro. E, se comumente a encenação partia de um texto pronto, os adeptos dessa nova prática passam a investigar o fosso entre o texto e a cena, vendo esses dois elementos como um conjunto – divisível no campo teórico, porém indissociável enquanto prática teatral.

Dessa reação, outrora alicerçada pela negação do encenador em relação ao texto pronto, surge outro problema e, novamente, se estabelece uma relação de conflito entre texto e espetáculo. Isso ocorre em consequência da liberdade de criação estética e ideológica alcançada pelo encenador que, dada a contundência de algumas experiências que primavam pela exploração da cena em detrimento de outros elementos do espetáculo, gera outra tensão estética, conforme aponta o

A DRAMATURGIA E A ENCENAÇÃO NO ESPAÇO NÃO CONVENCIONAL 23

professor, encenador e dramaturgo espanhol Juan Antonio Hormigón: "É importante salientar que se o encenador impulsionou essa renovação, ele também foi responsável por forçar em certos espetáculos a predominância de um elemento sobre os outros, de hipertrofiar uma parte em detrimento da valorização global da cena" (2002, v.1, p.131). Com isso, elementos importantes no espetáculo, como, por exemplo, a dramaturgia alicerçada no diálogo para a construção de sentidos das ações é mutilada em decorrência da concepção cênica.

No entanto, a disputa recorrente entre os criadores do texto e da encenação comprova a dialética desses dois componentes da representação. E, no caso dos processos de construção dos espetáculos do Teatro da Vertigem e da Cia. Artehúmus de Teatro, aquilo que se apresentara em outros tempos como conflito passa a ser o cerne da investigação, ou seja, texto e cena são criados concomitantemente.

Um olhar diferenciado sobre a criação dramatúrgica

O sistema adotado pelo Vertigem e pela Artehúmus possui algumas diretrizes evidentes. Uma delas – e talvez a que mais a diferencie das práticas tradicionais – está relacionada à criação em grupo. Nomeada *processo colaborativo* pelo Vertigem, essa prática que tem como pressuposto adotar a cooperação de todos os integrantes de uma equipe recebe influências diretas da criação coletiva.[3] Porém, o processo colaborativo diferencia-se basicamente da prática anterior porque, embora em sua formalização tenha sido previsto também um espaço para proposições estéticas de um coletivo, há em cada área do espetáculo um responsável pela sua coordenação.

Hormigón, ao estudar dramaturgias a partir de experimentações coletivas, registra que essa prática promove uma confluência dinâmica na

---

3 Historicamente, há vários exemplos de grupos da área teatral que se valeram desse sistema. Além dos citados nesta pesquisa, podemos destacar as importantes investigações realizadas pelo Living Theatre, pelo Teatro Experimental de Cali (TEC) comandado por Enrique Buenaventura, o trabalho de Peter Brook e, no Brasil, pelo Asdrúbal trouxe o trombone, por Augusto Boal e muitos outros.

24 EVILL REBOUÇAS

"dramaturgia posta em cena" (idem, p.125). Como a cena é balizadora das experiências, os coordenadores de cada área do espetáculo trabalham em diálogo contínuo com os demais propositores, ou seja, suas decisões dependem da contribuição poética dos demais elementos da cena. Para aprofundarmos as questões que norteiam a prática dos dois grupos paulistanos, destacamos as etapas que as compuseram e, para tanto, recorreremos à fundamentação teórica de experiências similares. Embora não abarque em sua totalidade os princípios poéticos e ideológicos que embasam os processos de construção dos espetáculos do Vertigem e da Artehúmus, há alguns procedimentos defendidos por Antonin Artaud, Ariane Mnouchkine e Tadeusz Kantor que se aproximam das experiências analisadas.

A escolha temática

A escolha de um tema a ser abordado em um texto pressupõe amplos debates entre os integrantes de um grupo, principalmente em relação aos diversos pontos de vista que possam existir sobre o assunto, assim como a forma estética escolhida para levá-lo à cena.

Artaud, ao considerar a cena como elemento essencial do espetáculo, dá, concomitantemente, certa importância e autonomia à equipe de criação: "As possibilidades de realização do teatro pertencem totalmente ao domínio da encenação, considerada como uma linguagem no espaço e em movimento" (1999, p.46). Embora tenha apontado essa prática visando à independência do encenador e principalmente para combater a prática do texto escrito no gabinete, nela é estabelecida um espaço para a proposição dos demais integrantes de uma equipe na realização da montagem.

A inserção do coletivo na criação de um espetáculo fica mais evidente quando Artaud, no *Segundo Manifesto do Teatro da Crueldade*, expõe o processo de criação do espetáculo *A conquista do México*. Para o encenador, dois fatores essenciais são considerados: a escolha temática (colonização) e a sua atualidade. Mais adiante, no mesmo documento, ele descreve como seria a escritura cênica e textual do espetáculo:

A DRAMATURGIA E A ENCENAÇÃO NO ESPAÇO NÃO CONVENCIONAL 25

> Essas imagens, esses movimentos, essas danças, esses ritos, essas músicas, essas melodias truncadas, esses diálogos que se interrompem serão cuidadosamente anotados e descritos tanto quanto possível com palavras e, principalmente, nas partes não dialogadas do espetáculo, sendo que o princípio é conseguir anotar ou cifrar, como numa partitura musical, o que não é descrito através das palavras. (idem, p.150)

A proposta de construção de *A conquista do México* (embora não tenha contemplado todas as ambições mencionadas na teoria) parte, portanto, do princípio de que todos os integrantes do espetáculo elaboram uma escrita cênica. E, Artaud, ao considerar a cena como principal fonte de elementos para a investigação do tema escolhido, concede ao coletivo criador a possibilidade de inserir discursos diante do assunto escolhido.

Em processo semelhante, tanto no campo teórico quanto no prático, ocorre a escolha dos temas, assim como a escrita dos espetáculos do Vertigem e da Artehúmus. Com exceção de *O paraíso perdido*, cujo foco inicial era apenas estudar e treinar a transposição de conceitos da física clássica por meio do método Laban, essa regra não é obedecida, isto é, de uma investigação a princípio apenas estética, o diretor, o dramaturgo e os atores chegam ao tema central do espetáculo. Porém, à medida que encontram respostas estéticas para os treinamentos executados, algumas associações começam a ser feitas com o tema. Antônio Araújo, diretor do grupo, explica como se deram os primeiros lampejos para a escolha do tema desse espetáculo em sua dissertação que tem como foco a criação de *O paraíso perdido*:

> No caso da relação Física/Paraíso, alguns elementos pareciam apontar para um possível diálogo: a questão da gravidade; o desequilíbrio dos corpos; as sequências coreográficas de quedas; a materialidade de corpo denso, incapaz de perceber dimensões mais sutis ou espirituais; a utopia da ciência e da tecnologia, com o fáustico desejo humano do conhecimento absoluto das leis do universo (a aquisição de conhecimento *versus* a perda da inocência). (2002, p.107)

Das investigações realizadas pelo dramaturgo, pelo encenador e pelos atores em relação às leis do universo – fossem elas relacionadas à ciência

Figura 1 – Anjo Caído (Matheus Nachtergaele). Foto: Eduardo Knapp

A DRAMATURGIA E A ENCENAÇÃO NO ESPAÇO NÃO CONVENCIONAL 27

ou à crença – começam a surgir apontamentos para o que viria a ser o tema do espetáculo e só em um segundo momento o grupo percebe indicações mais direcionadas para o aprofundamento do assunto. Araújo, em entrevista concedida à revista *Bravo!*, revela um dos procedimentos para a escolha do tema de *O paraíso perdido*: "Nós discutíamos sobre qual peça encenar. E o único tema que pareceu comum à maioria foi esse da religiosidade. Acho que o espetáculo tinha a nostalgia de uma religiosidade que nunca tínhamos encontrado" (apud Carvalho, 2000, p.102). Dessa afirmação emergem duas questões: uma evidencia um coletivo em busca de um tema, outra na qual o grupo procura aprofundá-lo. Ao confrontarmos essa declaração com as situações criadas em *O paraíso perdido* na versão final do texto, surge uma das possíveis leituras da peça, ou seja, um desenho dialético entre crer e não crer.

Na segunda montagem, a escolha temática vem de uma realidade que incomoda não só alguns componentes do grupo, mas principalmente porque, no final dos anos noventa o assunto aflige a sociedade como um todo. Integrantes do grupo presenciam a morte de pessoas próximas contaminadas pelo HIV, pois ainda não existem os coquetéis que hoje prolongam a vida dos infectados.

Um pouco diferenciado das demais montagens foi o procedimento adotado para a escolha temática de *Apocalipse 1,11*, pois parte da inquietação do encenador. Em 1997, Araújo encontra-se em Nova Iorque e, depois de meses afastado do Brasil e do grupo, o encenador fica indignado ao ler uma reportagem sobre um grupo de estudantes de Brasília que ateou fogo em um índio pataxó e esboça as primeiras reflexões sobre o que viria a ser o assunto da terceira montagem do grupo. Um trecho da proposta do espetáculo enviado à Funarte revela que o tema do apocalipse se delineia:

> Fim dos tempos ou começo de uma nova era? Este final de milênio parece conter ambos os comportamentos: o terror da aniquilação total e a utopia de uma nova civilização. Daí o interesse em investigar esta zona de tensão e ansiedade que ora vivemos, em todas as suas contradições.
>
> Não acredito em transformações milagrosas, nem em recompensa dos Eleitos. Mas me intriga esta ideia de um Julgamento Final e todos os temores por ela provocados. E é curioso que se tal ideia instiga o desejo e

Figura 2 – Besta (Roberto Audio). Foto: Otavio Valle

A DRAMATURGIA E A ENCENAÇÃO NO ESPAÇO NÃO CONVENCIONAL 29

a urgência por uma Purificação e consequente Salvação, ao mesmo tempo vê-se uma crescente onda de barbarismo e violência. Atos terroristas, crimes em massa, guerras étnicas estão na ordem do dia. Guardo até hoje o sentimento de perplexidade e horror quando li, numa banca de jornais, sobre a queima do índio em Brasília por um grupo de jovens de classe média. A violência gratuita, sem causa ou justificativa, nos lança numa região do absolutamente incompreensível e nos confronta com a questão do Mal. Decadência de valores? Manifestação da Besta Apocalíptica? Ou simplesmente traços característicos, ainda que indesejáveis, da condição humana? (apud Rinaldi, 2005, p.4)

A escolha temática de *Apocalipse 1,11* surge, dessa forma, de uma imagem geradora.[4] A partir da reflexão motivada pela imagem/conflito, Araújo e o grupo chegam a questionamentos a respeito do mundo contemporâneo, porém, ampliando e aproximando o fato real acontecido em Brasília às mazelas evocadas na escrita do *Apocalipse*.

Em *Evangelho para lei-gos*, a escolha do assunto central emerge de um processo peculiar. O espetáculo teve, antes da sua estreia oficial, dois experimentos com equipes diferentes. Seu primeiro rascunho é feito na Escola Livre de Teatro (ELT) de Santo André em 2000. As primeiras cenas do que viria a ser o espetáculo final teve, nessa etapa, Luís Alberto de Abreu coordenando a área de dramaturgia e Antônio Araújo orientando as questões relacionadas com a interpretação e a encenação. O princípio adotado foi elaborar a dramaturgia do espetáculo por meio da cena.

No entanto, o processo de criação de *Evangelho para lei-gos* diferencia-se daqueles adotados pelo Vertigem em função de se ter trabalhado a partir de três núcleos distintos – dramaturgia, interpretação e direção – que se encontravam em dias específicos. As cenas surgem a partir de um tema indicado pelo núcleo de interpretação: a morte. Por ser um assunto muito amplo, passamos a discutir a escolha – eu respondendo

---

4 Termo utilizado por Luís Alberto de Abreu para designar um dos estímulos que o dramaturgo pode aproveitar ao iniciar a escrita de um texto teatral. Referindo-se a sua importância, Abreu afirma que "uma imagem nítida tem valor maior do que uma ideia ou uma sensação" (2003, p.38).

Figura 3 – Jesus Assistente Social (Leonardo Mussi) e Jesus 1 (Bruno Feldman).
Foto: Eduardo Raimondi

A DRAMATURGIA E A ENCENAÇÃO NO ESPAÇO NÃO CONVENCIONAL 31

pela dramaturgia e Simone Alessandra pela encenação. Deparamos com um problema: o núcleo de atores escolhe o tema aleatoriamente e, consequentemente, não conseguimos aprofundá-lo.

Ao resgatarmos o conceito de imagem geradora, passamos a vascu-lhar as imagens que poderiam abarcar a temática escolhida. Logo veio à mente de um dos integrantes a imagem do suicídio. Já era um começo e dessa confluência de ideias, sugiro algo específico: abordar o cidadão indigente que, mesmo vivo, encontra-se morto perante a sociedade. Chegamos a um consenso no plano das discussões, mas, é somente com o trabalho prático e com as diferentes etapas de construção do espetáculo que o tema vem a ser aprofundado.[5]

Observemos algumas distinções que se encontram relacionadas ao grau de compartilhamento sobre o assunto tratado nos dois grupos. Em *O paraíso perdido*, desde o início do processo de seleção do assunto há o dramaturgo, os atores e o diretor trabalhando juntos. *Apocalipse 1,11* é concebido, inicialmente, a partir de uma inquietação particular do encenador. Já em *O livro de Jó*, a perda de pessoas vitimadas pelo HIV – próximas ao elenco e ao encenador – levam a equipe a investi-gar a dualidade entre a vida e a morte. E, no caso de *Evangelho para lei-gos*, a sugestão temática é indicada apenas pelo núcleo de atores. Posteriormente, sugiro a morte social como base para o tema da peça.

Essas distinções entre processos que originam a escolha dos temas – ora provocada por uma inquietação individual ou por um coletivo criador – promovem questionamentos quanto à apropriação dos demais indivíduos diante do assunto tratado. Além dos diferentes processos na escolha temática, há ainda, nos dois grupos, as distintas etapas de ingresso dos profissionais envolvidos no processo de criação dos espetáculos.

Diante dessas questões vivenciadas pelos integrantes do Teatro da Vertigem e da Cia. Artehúmus de Teatro, podemos aventar que a escolha temática, quando surge de uma inquietação individual,

---

5 Nos dois processos seguintes – a montagem no banheiro do Instituto de Artes da Unesp e a realizada no banheiro público do Viaduto do Chá – o tema prevalece, ca-bendo às novas equipes acrescentarem seus pontos de vista sobre o assunto tratado.

negligencia a inserção do coletivo criador? O ingresso paulatino de alguns integrantes no processo de criação compromete o conceito de visão de mundo compartilhada? Por não ter a contribuição efetiva dos integrantes desde o início do processo, o princípio estético e ideológico que norteia os processos caiu por terra?

Algumas reflexões podem lançar luz às questões mencionadas. Uma delas é que esse procedimento específico de criação dramatúrgica revela-nos fatores que dão conta de uma outra possibilidade. Como o processo vivenciado pelos dois coletivos é absolutamente maleável, na medida em que o tema é exaustivamente investigado tanto no campo das ideias quanto no campo da encenação, os demais integrantes da equipe de criação, mesmo chegando numa etapa posterior à escolha do tema, adquirem, implicitamente, um espaço para inserir contribuições ou aprofundá-lo. Dessa forma, por se tratar de uma dramaturgia que ainda não está finalizada, os componentes dos grupos têm a possibilidade de interferir e propor criações. Assim, podem inserir pontos de vista sobre o assunto escolhido.

Bia Szvat, intérprete de Marli, a Vizinha da Direita, passa a integrar a equipe de criação de *Evangelho para lei-gos* três meses antes da estreia do espetáculo no banheiro do Viaduto do Chá. Ainda que existisse um texto esboçado, a atriz pôde inserir pontos de vista sobre o assunto da peça:

> Os discursos da Marli estavam calcados na necessidade de ela ter um lugar pra morar. Pra mim, a exclusão social precisava ser aprofundada além desse dado. [...] Aí surgiu a ideia de mostrar a morte social pela falta de consciência das coisas que ela dizia. Passei a experimentar uma série de frases feitas: "Se a gente vive em comunidade, a gente precisa de um mínimo de asseio, de decência" era uma dessas frases que ela dizia, mas, por exemplo, a palavra *comunidade* estava longe de ser entendida ou fazer parte da vida da Marli. (em entrevista concedida ao autor desta pesquisa)

Dessa forma, mesmo que o tema da peça tenha sido escolhido a partir ou não de uma inquietação individual, o compartilhamento de processos durante a elaboração dos espetáculos em questão viabiliza um aprofundamento originado em um coletivo criador, além de espaço para os integrantes inserirem proposições diante do assunto.

A DRAMATURGIA E A ENCENAÇÃO NO ESPAÇO NÃO CONVENCIONAL 33

Figura 4 – Jesus Policial (Daniel Ortega) e Marli, a Vizinha da Direita (Bia Szvat). Foto: Jefferson Coppola

A interferência da pesquisa de campo na dramaturgia

Há, em parte do material levantado para este estudo, vastos indícios de que a pesquisa de campo interfere sobremaneira não somente na dramaturgia mas em outras áreas de criação dos espetáculos.

Para identificarmos aspectos dessa etapa que prioriza a pesquisa de campo como um dos elementos geradores da dramaturgia, recorremos aos processos e apontamentos de *Apocalipse 1,11* e de *Evangelho para lei-gos*. No primeiro caso, porque a terceira montagem do Vertigem revela uma depuração do processo de criação e por apresentar maior número de registros dos procedimentos adotados; já em relação à Artehúmus,[6] por eu acompanhar todas

---

6 A Cia. Artehúmus de Teatro encena em 2002 o espetáculo *As relações do Qorpo*, adaptação da obra de Qorpo Santo, apresentado no *hall* da Sala Ômega, dentro do elevador e na lanchonete do Sesc Consolação, por ocasião do evento Sesc Latinidades. Embora tenha sido apresentado fora do espaço convencional, a exclusão dessa experiência neste trabalho justifica-se por tratar-se de dramaturgia pronta, ainda que ajustada ao espaço da encenação.

Figura 5 – João (Vanderlei Bernardino) e Anjo Poderoso (Joelson Medeiros). Foto: Otavio Valle

Figura 6 – Besta (Roberto Audio). Foto: Luciana Facchini

A DRAMATURGIA E A ENCENAÇÃO NO ESPAÇO NÃO CONVENCIONAL **35**

as etapas do processo de criação e por assinar a construção do texto e da encenação, permitindo, dessa forma, expor uma visão prática dessa fase de criação.

Ao tratar de questões relacionadas ao final dos tempos, a equipe de criação de *Apocalipse 1,11* percorre vários ambientes onde transitam pessoas e situações que pudessem dialogar com o tema do espetáculo, pois a intenção do grupo é pesquisar aquilo considerado como um universo marginal, fora do padrão ou da ordem. Nesse contexto, os atores presenciam situações inusitadas no Instituto Médico Legal, numa delegacia de polícia, numa estação rodoviária, na "cracolândia", em saunas e ruas onde se concentra a prostituição paulistana –, experiências que alicerçam o trabalho de interpretação e a dramaturgia.

As influências e características dos lugares visitados aparecem no espetáculo. A personagem Babilônia, interpretada por Mariana Lima, é concebida a partir de uma visita da atriz a uma delegacia de polícia na zona leste de São Paulo; a caracterização da Besta alude aos travestis do centro; o casal de sexo explícito – fato polêmico que aparece nas principais páginas dos jornais – assim como as demais pesquisas em locais ermos inspiram o elenco a produzir uma leitura do apocalipse contemporâneo.

A exemplo do elenco, Guilherme Bonfanti concebe a iluminação de *Apocalipse 1,11*: "passamos a sair pela cidade e observar os ambientes que iríamos reproduzir [...] boates, delegacias, bordéis da cidade" (In: *Trilogia bíblica*, 2002, p.66).

Em *Evangelho para lei-gos*, a pesquisa de campo ocorre somente no terceiro e último processo de construção do espetáculo. Já com um local pré-estabelecido para a sua realização, a equipe passa a ter contato com grupos sociais específicos: pessoas que na época circulam ou moram nos arredores do Viaduto do Chá e habitantes do Abrigo Municipal Zacki Narchi, albergue localizado entre o antigo Presídio do Carandiru e um grande *shopping* e que acolhe, então, os antigos moradores da favela de mesmo nome, incendiada no natal de 2002. A partir desse contato com os moradores, aprofundamos a construção de algumas personagens e o surgimento de outras, além da inserção

Figura 7 – Elza, a Vizinha da Esquerda (Solange Moreno) e Fátima (Roberta Ninin). Foto: Eduardo Raimondi

A DRAMATURGIA E A ENCENAÇÃO NO ESPAÇO NÃO CONVENCIONAL 37

de cenas que não existiam nas duas primeiras versões e ainda, e com maior representatividade, a verticalização do tema.[7]

Decorrente da realidade social encontrada nos dois locais surge a personagem Fátima, uma menor prostituída pela mãe. A abordagem da prostituição, até então inexistente, veio em função da urgência de sua intérprete, Roberta Ninin, em querer incluir e discutir a realidade encontrada no albergue e no centro da cidade. E, à medida que a equipe de criação aproxima-se dos moradores do abrigo, descobrimos um fato: adolescentes são prostituídas e levadas pelos próprios pais às imediações do estacionamento do *shopping*.

Na versão final do texto e na montagem, integramos ainda à criação de Fátima duas outras características; uma oriunda da observação de sua intérprete em relação a uma menina com problemas motores, mas com racionalidade extremamente articulada; outra referente a um detalhe estabelecido em função da prostituição no centro da cidade: os orelhões públicos sempre repletos de etiquetas contendo anúncios de prostituição. Dessa última referência surge um dos momentos que mais incomodam o espectador: a mãe, semianalfabeta e sem dinheiro para pagar o aluguel do boxe onde mora, lê com dificuldade as etiquetas e depois exibe Fátima em uma das vitrines, atrás dos anúncios.

A personagem Marli, a Vizinha da Direita, embora já existisse nas duas primeiras versões do texto, ganha traços bem-delineados a partir do contato com a população do abrigo. Originalmente, ela sempre alugou os boxes do banheiro para as demais personagens, porém faltavam-lhe contradições na sua trajetória. Por meio do contato com uma moradora do abrigo e que posteriormente autorizou-nos a utilizar no espetáculo o seu nome na íntegra, Marli da Penha Amaral, é acrescentado à personagem um dilema surgido da realidade. Agredida e tendo a sua casa-albergue arrombada constantemente pelo ex-marido, a moradora se via obrigada a guardar até o alimento diário na casa da vizinha ao lado. Ao final da pesquisa de campo, outro dado é adicionado à personagem. Havia moradores no centro da cidade que

---

7 Para melhor entendimento, recomendamos a leitura das principais ações de cada espetáculo, constantes no Anexo I desta pesquisa.

invadiam cortiços e, na tentativa de alongarem a sua permanência nas moradias, as mulheres usavam barrigas falsas quando pressentiam que uma *blitz* seria realizada por policiais nesses lugares.

Em função da pesquisa de campo, a equipe de criação passa a questionar os conteúdos de cenas anteriormente escritas. Se antes havia uma certeza de que os conteúdos esboçados eram apropriados ao espaço escolhido – um banheiro público, utilizado como metáfora da morte social –, no momento em que passamos a investigar a realidade de pessoas que não tinham onde morar ou moravam miseravelmente, essa certeza não ficou tão evidente. Percebemos, por conseguinte, que a ação principal do texto – um aborto provocado por uma indigente que, sem condições para cuidar do rebento, resolve jogá-lo dentro do vaso sanitário – poderia ser alicerçada por situações encontradas no centro da cidade e na favela Zacki Narchi.

Dessa reflexão, decorrente da pesquisa de campo, surgem cenas que esboçam melhor a realidade de cidadãos excluídos socialmente, como a falta de moradia, situação que imprime maior verossimilhança à ocupação do banheiro.

Interseção entre a literatura e a dramaturgia

A escrita de espetáculos que aceita interferências para a sua construção se assemelha ao que os anglo-saxões denomimam *work in progress*, um material aberto e transformável e, em última análise, inseparável da representação. Felisberto Sabino da Costa afirma que nesses casos o texto "nasce no ato da encenação, ligado ao espetáculo para o qual e pelo qual ele foi gerado" (2000, p.15). Porém, a cena não é a única responsável para a criação dessa dramaturgia. Interferências de outra ordem subsidiam a escrita do espetáculo, como, a pesquisa ou a inserção literária de outras obras que venham a aprofundar o tema escolhido.

Tadeusz Kantor, encenador que também utiliza a cena como geradora da escrita do espetáculo, agrega outros textos à dramaturgia ou mesmo personagens de outros universos literários em uma das expe-

A DRAMATURGIA E A ENCENAÇÃO NO ESPAÇO NÃO CONVENCIONAL 39

riências do Théâtre Cricot 2. Ao trabalhar com textos de Witkiewicz, Kantor insere fragmentos e personagens da peça *Tumor cervical* na dramaturgia de *A classe morta*: as personagens criadas pelos atores fundem-se àquelas pertencentes aos dois textos citados.[8]

Bem próximos desses expedientes adotados por Kantor encontram-se as criações do Vertigem e da Artehúmus. Porém, as situações contemporâneas são alicerçadas por passagens e personagens da *Escritura Sagrada* que convergem ou não para os pontos de vistas das obras estudadas. Somam-se também a essa base outros materiais literários.

Em *Apocalipse 1,11*, além do texto bíblico de São João sobre o final dos tempos, são investigados textos científicos, poéticos, proféticos e teses. Exemplo disso se dá quando a equipe de criação investiga o capítulo "Pensamentos, fábulas e profecias e adivinhações", reflexão pertencente a *Obras literárias, filosóficas e morais* em que o autor, Leonardo da Vinci, comenta os segredos da natureza e as leis que a regem e a constituem.

Fazem ainda parte dessa busca por literaturas complementares ao texto base de *Apocalipse 1,11* as profecias de Daniel e de Nostradamus, entre outros. "Nesse momento a ideia é justamente assim: abrir, trazer um monte de informação, levantar a poeira, jogar tudo para cima e dar um mergulho mais horizontal nesse universo" (In: Cenário, p.14), declara Antônio Araújo, ao esboçar o grau de contundência que esse tipo de contribuição representa para o processo. A importância dessas pesquisas literárias fundamenta os discursos em relação ao assunto, conforme podemos observar na entrevista de Fernando Bonassi à atriz Miriam Rinaldi:

> a leitura de alguns comentadores, basicamente religiosos, também foi extremamente proveitosa. O grau de divergência era altíssimo, mesmo entre os homens de fé. Discordâncias abrangiam desde a ordem dos capítulos do *Apocalipse*, até o questionamento da autenticidade de trechos da autoria. (apud Rinaldi, 1997, p.26)

---

8 Experiência semelhante ocorre quando da construção dramatúrgica por mim realizada em *As relações do Qorpo*. Ao investigar a dramaturgia de Qorpo Santo e fundamentado pelo caráter de obra aberta de seus textos, incluí personagens, diálogos e rubricas de outras peças na dramaturgia final de *Mateus e Mateusa; Eu sou vida; eu não sou morte* e *A separação de dois esposos*.

A multiplicidade de pontos de vista sobre o *Apocalipse* aparece também na literatura dramática, principalmente na clara contraposição entre o texto sagrado e o profano dito pelas personagens. Mas isso não se fez presente somente em forma de diálogos. Dentre os tantos expedientes para imprimir a dualidade entre o sagrado e o profano, é levada à cena a figura de Jesus, caracterizada nos moldes do imaginário popular, fumando um cigarro com João.

Luís Alberto de Abreu, responsável pela dramaturgia de *O livro de Jó*, também se vale do texto bíblico como ponto de partida para a escrita da peça. Para tanto, centra-se em utilizar as imagens suscitadas pela literatura como possibilidades de escrita, pois aproveita os discursos da *Escritura Sagrada* e os insere como diálogos das ações criadas. Ao aproveitar a literatura, procura explorá-la teatralmente, em busca de situações que evocam questões daquele momento.

Figura 8 – João (Vanderlei Bernardino) e Senhor Morto (Roberto Audio). Foto: Otavio Valle

Já em *O paraíso perdido*, o grupo parte da leitura do poema de mesmo nome do espetáculo, de John Milton. Porém, antes de uma definição do tema, o objetivo dos integrantes é pesquisar questões relacionadas à partitura física do intérprete. A partir das investigações do trabalho corporal, surge uma série de pesquisas no campo literário. Sérgio de Carvalho comenta essa fase: "Organizei grupos de leitura e seminários sobre mitos de origem, descidas aos mundos ínferos e toda a sorte de relatos sobre percalços da humanização" (2002, p.55). O dramaturgo acrescenta ainda que, nesse processo de construção do texto, inúmeras foram as vezes que a equipe de criação, alicerçada em outros materiais literários, abandona a base (o poema de Milton) e, quando preciso, retoma-o.

A inserção de trechos bíblicos em *Evangelho para lei-gos* só acontece em função da orientação de Luís Alberto de Abreu. No primeiro esboço do texto não há a intenção de aproximá-lo dos acontecimentos sagrados, não fossem os nomes das três personagens centrais: Jesus, Maria e José. Embora, intencionalmente, eu evoque uma espécie de "santíssima trindade desacreditada socialmente", as personagens não se aproximam da realidade bíblica. Jesus, por exemplo, é um lavador de carros que, mesmo vivo, sente-se morto; Maria e José, ambos mendigos e cientes de uma morte próxima em função das suas condições socioeconômicas, antecipam a morte do filho, ao tentar matá-lo ainda no ventre com uma agulha de tricô.

Ao querer aprofundar a confluência das situações criadas na ficção com os nomes bíblicos, Abreu orienta o núcleo a investigar passagens e narrativas bíblicas que pudessem ser inseridas no texto, ainda que a ficção tratasse apenas de personagens comuns. Dessa imersão na literatura sagrada, experimentamos algumas narrativas bíblicas que pudessem dialogar com o tema escolhido, ou seja, a morte social. Mas é só no terceiro experimento, e principalmente em função das realidades encontradas no centro da cidade e no Abrigo Municipal Zacki Narchi, que a narrativa bíblica ganha maior teatralidade. Nessa fase, dois experimentos criados a partir do texto sagrado são incorporados ao espetáculo:

a) Jesus, ao relembrar o dia em que sua mãe tenta abortá-lo, profere palavras de Jó, no momento em que a personagem bíblica clama em vida a morte:

Jesus 1 Pereça o dia em que nasci e a noite em que se disse: Foi concebido um menino. Porque agora, dormindo, estaria em silêncio, e descansaria no meu sono juntamente com os nobres que fabricam para si solidões.

b) Jesus, juntamente com a Vizinha da Direita (Marli) e Vizinha da Esquerda (Elza), faz uma referência à fome/morte por meio de narrativa de Jó e de uma passagem da Santa Ceia:

(Barulho de talheres: Sanfoneira ilumina Jesus 1 cortando um pão. À medida que tenta cortar o pão, Jesus 1 percebe que a faca pode ser um instrumento útil a ele: mira a faca, colocando-a à frente do seu rosto.)

Jesus A. Social Por que me amamentaram aos seios?

Jesus Policial Se ao menos os peitos me tivessem sido negados...

Vizinha da Esquerda "Tomai e comei todos vós". Jesus falava bonito, né?

Vizinha da Direita Coisa de comunista, isso sim! Se ganhasse a cesta básica que eu ganho, queria ver se falava com tanta convicção!

José Chega de conversa mole, e faz o que tem que ser feito. Aqui nesse lugar não tem espaço e muito menos comida pra mais um.

(Jesus 1, num golpe rápido, tenta cortar os pulsos com a faca. Black-out.)

Embora as citações e situações bíblicas apareçam com maior frequência nessa última versão do texto, houve nos dois primeiros experimentos outras contribuições que tiveram origem na investigação literária.

No segundo experimento, realizado sob a orientação de Reynuncio Napoleão de Lima no banheiro do Instituto de Artes da Unesp, a equipe de criação parte do primeiro esboço do texto e acrescenta posicionamentos àqueles delineados anteriormente, tendo como base a literatura. Dentre as possibilidades originadas de fontes literárias, surge nesse segundo experimento uma substancial contribuição da equipe de direção musical. Kika Carvalho e Leon Bucaretchi, responsáveis por essa área, propõem a experimentação de cenas com músicas e letras que remetem ao desalento e à existência do homem.

À medida que as experimentações são aprimoradas no campo musical, percebe-se uma limitação: ainda que com melodias intensas, as letras das canções trazidas pelos dois músicos tornam-se menores, se comparadas com as ações criadas pelos atores. Para não limitar a criação dos intérpretes, os dois compositores passam a compor canções originais que abarquem a profundidade das ações. Dessa contribuição aparece uma característica estética: a partitura física, alicerçada pela música é predominante em relação às ações subsidiadas por diálogos.

Figura 9 – Ensaio de música. Foto: Eduardo Raimondi

No entanto, a palavra, originada da literatura, também se fez presente nesse momento, ainda que em escala menor. Interferências individuais são agregadas ao texto, como as contribuições poéticas de Marcelo Maluf, um dos atores nesse segundo processo. Maluf traz um de seus contos que, após experimentações e adaptações, se encaixa no universo pesquisado e permanece na versão final do texto:

> Peguei uma faca leve na cozinha. A lâmina era bem fina... Me trranquei no banheiro. A luta foi longa, as mãos não "queria". Meu coração dizia que sim, mas a mente dizia que não. Um rato cruzou na minha frente, eu matei. Passou um gato, eu também matei. Depois o cachorro da vizinha, um pato, uma cobra, um passarinho... Um ladrãozinho de merda, também. Eu mato todos os meus desafetos.

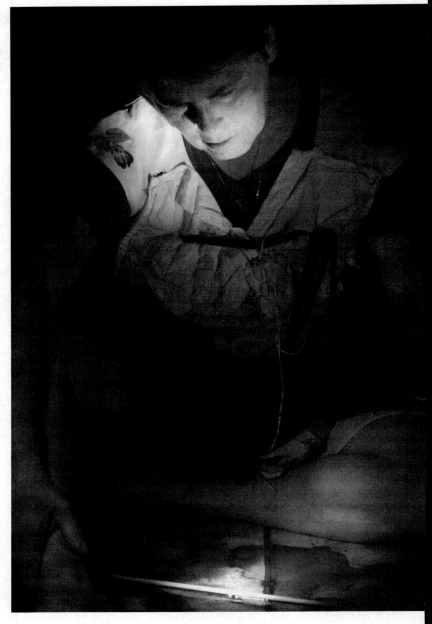

Figura 10 – Maria (Gilda Vandenbrande). Foto: Eduardo Raimondi

A DRAMATURGIA E A ENCENAÇÃO NO ESPAÇO NÃO CONVENCIONAL **45**

A inserção torna-se parte do texto dito por Maria, a mãe de Jesus, no momento em que ela, anos depois da tentativa de aborto, vê no piso frio do banheiro a mancha de sangue. A partir dessa experiência percebemos que a dramaturgia – até então centrada em ações estabelecidas pela partitura corporal dos atores e pela geografia da cena[9] – poderia ser aprofundada por meio da palavra.

No tocante à inserção de trechos bíblicos na dramaturgia dos espetáculos investigados, cabe um esclarecimento quanto à sua apropriação. Embora a religiosidade apareça em todas as montagens, as abordagens são diferenciadas. Silvana Garcia comenta que "os espetáculos do Teatro da Vertigem recusam sua resolução apenas no plano religioso ou puramente místico. Abdicando, pois, desses valores restringentes, expondo outros objetos por trás do enredo bíblico, o grupo faz naturalmente ampliar a rede de relações" (2002, p.32). Apesar de se referir nessa citação apenas à produção do Vertigem, em todos os casos a base é a *Escritura Sagrada*, mas a dramaturgia evidencia as inquietações contemporâneas surgidas da visão de mundo dos componentes, a partir da investigação do tema escolhido.

Emergem dessa apropriação de textos literários, algumas questões. O sistema utilizado pelos coletivos criadores prioriza a escrita do espetáculo por meio da cena. Com isso, a ideia de um texto pronto, não condiz com esse tipo de processo; caso contrário a inserção de pontos de vista coletivos não se estabeleceria plenamente. Estando então os integrantes fundamentados por princípios que priorizam a realização do espetáculo a partir do que criam e do que produzem em cena, a inserção de textos prontos não seria uma interferência de um elemento exterior ao processo? Como se efetiva a incorporação dessa literatura na dramaturgia do espetáculo?

Embora, dialeticamente, as equipes de criação introduzam nos textos fragmentos literários produzidos por outros autores, esse material já havia sido objeto de estudo, o que facilita a sua apropriação pelo grupo.

---

9 Antes de ocuparmos a Galeria do Viaduto do Chá, quase todas as cenas aconteciam dentro dos boxes dos banheiros, em decorrência da limitação de espaço nos banheiros da ELT e do Instituto de Artes da Unesp.

46 EVILL REBOUÇAS

Soma-se a isso a fase em que a ideia articulada nesses fragmentos literários é experimentada em cena a fim de confluir para o aprofundamento do assunto escolhido. E, a partir dessas experimentações, o material literário, até então alheio ao processo, é transformado e, necessariamente, passa por uma visão de mundo de quem o utiliza.

O ator como dramaturgo

A construção de dramaturgias no Vertigem e na Artehúmus prioriza as experimentações em sala de ensaios ou propriamente no espaço da representação e origina contribuições significativas à escrita dos espetáculos, principalmente porque os dramaturgos aproveitam-nas na elaboração final do texto. Nesse sistema de criação, o ator desempenha um papel importante, pois os seus pontos de vista em relação ao assunto podem alterar significativamente as dramaturgias do espetáculo, seja por meio das suas atitudes ou de suas partituras de ações físicas.

Jean-Pierre Ryngaert, ao observar essas contribuições implícitas no ofício do intérprete e que estão diretamente ligadas às dramaturgias do espetáculo, identifica uma característica específica da atuação: "Trata-se efetivamente de reconstruir na encenação [...] todo o aparelho extralinguístico que acompanha o discurso; é ele que faz sentido, e não, como nos sugere a tradição, o discurso propriamente dito" (1998, p.145). Desse modo, a ação física e as intenções passam a fazer parte de uma dramaturgia extratexto. Consequentemente, a cena não fica restrita apenas ao modo como a personagem diz, mas como ela age mediante a situação e ao espaço.

No Théâtre du Soleil, alguns processos realizados revelam que o conceito de produzir um espetáculo por meio da cena caracteriza uma série de interferências, principalmente em decorrência do trabalho do ator. Em 1793, espetáculo em que Ariane Mnouchkine assina a encenação e organização da dramaturgia, a contribuição dos intérpretes é evidente. Pelos registros das etapas de construção do texto e do espetáculo em questão, percebe-se que a metodologia adotada não

A DRAMATURGIA E A ENCENAÇÃO NO ESPAÇO NÃO CONVENCIONAL 47

separa o texto da cena; ao contrário, a partir da articulação entre esses dois elementos realiza-se um produto final oriundo da participação de uma equipe.

Dada a contundência da ação física em conjunto com a palavra, o Théâtre du Soleil nega-se a publicar a dramaturgia de *1793*, alegando que a escrita é insuficiente para traduzir a essência do espetáculo. Nessa encenação o diálogo não é o principal fornecedor de sentido. Por conseguinte, a ação originada da partitura física executada pelo intérprete e os demais elementos que compõem a representação, passam a integrar as dramaturgias do espetáculo.

Essa interferência do ator na criação do texto revela alguns aspectos de ordem estética e estrutural. Ao referir-se às tendências do teatro contemporâneo, Roubine aponta a coexistência de dois tipos de textos bastante diferentes: "os que podem ser apreciados, conforme a tradição nos havia acostumado, no simples ato de leitura independentemente de sua existência cênica. [...] E, do outro lado, temos os textos que não existem nem pretendem existir fora do teatro" (1998, p.77).

Miriam Rinaldi menciona procedimentos referentes à investigação do ator em cena que interferem substancialmente na elaboração de discursos do espetáculo. No Vertigem há uma organização específica, ou seja, são exercícios que abrangem a vivência, a improvisação e os *workshops* (2002, p.52).[10] Depois de lançado um tema, os intérpretes o experimentam por meio da cena e trazem à tona fantasias, lembranças e desejos que posteriormente podem ser aproveitados pelo dramaturgo. Já o segundo e o terceiro exercícios que compreendem esse processo são utilizados como técnicas dramatúrgicas, ou seja, tanto o texto falado ou escrito, a cena muda, o figurino, o deslocamento no espaço, os elementos cenográficos, todas essas formas de expressão cênica são exploradas na realização das improvisações e dos *workshops*.

---

10 Cabe explicar que o processo batizado de *vivência* é muito próximo do conceito de *laboratório teatral*. A diferença para o grupo entre improvisação e *workshop* está ligada à duração de cada atividade. A improvisação é realizada na hora, tendo vinte ou trinta minutos de preparação; já o *workshop* tem um dia ou mais para a sua elaboração, proporcionando a utilização de elementos cênicos como figurinos, adereços, iluminação ou qualquer outro recurso.

Mas a interferência do intérprete não se restringe apenas a sua produção cênica, reverberando em outras instâncias da construção dramatúrgica. Sérgio de Carvalho menciona que na construção de *O paraíso perdido* ele trabalha todos os dias com o elenco, propondo textos a partir de improvisações. É dessa experiência que aparece na dramaturgia, segundo Carvalho, uma particularidade, pois os atores sugerem um enquadramento mais psicológico para traduzirem a sua visão diante da onipotência do Criador.

Figura 11 – Sofar (Siomara Schröder) e Jó (Matheus Nachtergaele). Foto: Eduardo Knapp

No segundo trabalho, *O livro de Jó*, o Teatro da Vertigem aprofunda a pesquisa da linguagem cênica por meio de outras possibilidades dramatúrgicas. Em decorrência da vontade dos atores e do diálogo com o dramaturgo, surge uma escrita com personagens mais delineadas, isto é, se anteriormente a linguagem gestual era uma das principais ferramentas de expressão, nesse processo a palavra passa a conduzir outras possibilidades à cena. Reflexo dessa apropriação da palavra e da interferência do ator pode ser comprovado no depoimento de Siomara Schröder, atriz envolvida desde o início da montagem e intérprete de Sofar:

A DRAMATURGIA E A ENCENAÇÃO NO ESPAÇO NÃO CONVENCIONAL **49**

O Abreu, que é um mestre da palavra, à medida que foi escrevendo as cenas, optou pelo uso de rimas. Em função dos *workshops*, eu já tinha muito claro quem era a minha personagem e sentia que aquilo, da forma como estava escrito, me distanciava das situações. Por mais lindas que fossem as construções literárias criadas pelo Abreu, eu sentia que a personagem ficava enfraquecida. Como o processo era absolutamente maleável, me senti à vontade para propor mudanças no texto. (em entrevista concedida ao autor desta pesquisa)

As evidências dessa interferência aparecem na peça de Abreu, pois embora no texto final predominem as rimas, há vários trechos em prosa.

Outro expediente utilizado pelo Vertigem refere-se ao sistema de perguntas e respostas.[11] A proposta básica desse sistema é refletir sobre o tema para posteriormente os atores apresentarem, a partir de experimento cênico, sua visão de mundo sobre a situação encenada.

Mariana Lima quando é questionada sobre o que ela, enquanto artista, gostaria de falar por meio do *Apocalipse*, propõe um experimento cênico. Surge na improvisação uma criança deficiente mental, vestida de bailarina, dançando desordenadamente e que tenta com total esforço comunicar-se. Dessa empreitada nasce Talidomida do Brasil, interpretada por Luciana Schwinden. Já Sergio Siviero apresenta como resposta para a mesma pergunta, um homem queimando uma planta; cena que é aproveitada na peça, porém executada por uma criança. Fernando Bonassi reconhece o grau de contribuição desses profissionais ao texto por ele escrito:

A minha função no Teatro da Vertigem é tentar dar um sentido àquele material selvagem que os atores oferecem. [...] Minha tarefa é propor uma organização, dar textos para cenas mais performáticas ou textos ótimos sem personagens. Este processo exige atores mais inteligentes. (apud Rinaldi, 2005, p.25)

---

11 Dramaturgo e diretor, com base no assunto do *Apocalipse*, elaboram uma série de temas e perguntas para a improvisação dos atores. Tais perguntas servem de estímulo às experimentações cênicas. Desde o primeiro trabalho, o grupo parte de um argumento ou tema para depois o texto ser elaborado.

Bonassi sempre ressalta a importância do ator nesse processo, tanto que, na versão final de *Apocalipse 1,11*, há indícios de que ele aproveita as experimentações cênicas originadas das improvisações, seja em sala de ensaios ou no próprio espaço da encenação. Isso pode ser identificado no texto, pois há um número considerável de rubricas que se relacionam às ações físicas das personagens – provavelmente originadas das cenas experimentadas pelos intérpretes.

No caso de *Evangelho para lei-gos*, as contribuições dos atores também aparecem em decorrência de processos semelhantes àqueles adotados no Vertigem. Principalmente nas duas primeiras experiências, apresentadas na ELT e no banheiro do Instituto de Artes da Unesp. Porém, no terceiro e último processos, os atores e demais criadores utilizam um texto que havia sido construído pelas equipes anteriores, mas os integrantes desse último processo interferem no material produzido *a priori*, conforme o depoimento de Gilda Vandenbrande:

Figura 12 – Maria (Gilda Vandenbrande). Foto: Eduardo Raimondi

A DRAMATURGIA E A ENCENAÇÃO NO ESPAÇO NÃO CONVENCIONAL 51

> Pra mim mudou muita coisa. Havia o texto, mas ele não estava fechado. Tanto que quando fui me apropriando da Maria, percebi que ela, em função da merda de vida em que vivia e dos atos que praticou para viver, era muito sofrida. [...] O vazio que ela sentia pelos tantos abortos que ela praticou começou a me causar um vazio também. [...] Faltavam no texto situações de uma Maria que também sentisse prazer. E foi a partir desse meu vazio que passei a propor situações de uma Maria com tesão; de uma Maria que mesmo comendo os restos da feira durante o ato sexual, sentia prazer. (em entrevista concedida ao autor desta pesquisa)

As mudanças sugeridas pela atriz se tornam mais verossímeis à medida que as situações vão sendo propostas cenicamente. Características opostas àquelas esboçadas nas duas versões anteriores do texto são agregadas ao material existente e, a partir dessas proposições, até o linguajar polido, existente no texto anterior, cede espaço à oralidade popular. Na visão de Gilda Vandenbrande, à Maria, cabe a não concordância verbal ou frases que mostrem a ausência do grau de articulação de pensamento da personagem, ainda que em alguns momentos ela tente falar difícil.

No Vertigem, talvez por ter incluído o dramaturgo após a investigação do tema e das experimentações cênicas em *O livro de Jó* e em *Apocalipse 1,11*, o espaço reservado para proposições estéticas do elenco vai além da contribuição originada da cena. Isso fica mais evidente quando a equipe escolhe Bonassi para assinar a dramaturgia de *Apocalipse 1,11*. Cientes de que o texto bíblico apresenta um tom de repressão moral, o elenco e os demais criadores escolheram o dramaturgo porque nas suas obras há características de um estilo literário mais duro e seco, ou, como define Aimar Labaki, para que o assunto ganhe um tratamento adequado "era necessário dialogar com um escritor que tivesse os pés no chão – ou melhor, na merda" (2002, p.29). Para então formalizar as dramaturgias em processo, os intérpretes e o encenador não querem apenas um dramaturgo para organizar e estruturar os experimentos cênicos. Ao contrário, defendem um estilo literário que provoque oposições e aprofunde o que haviam produzido em sala de ensaio, conforme a visão de mundo pré-concebida naquele estágio de investigação sobre o tema.

Os relatos desses processos atestam a importância do intérprete na criação de dramaturgias. Interferências que mudam o rumo das construções das personagens, como, por exemplo, a busca por um enquadramento mais psicológico em *O paraíso perdido*; a procura por uma dramaturgia alicerçada na palavra para melhor delinear as personagens em *O livro de Jó*; ou ainda as distintas formas de oralidade inseridas na trajetória de Maria em *Evangelho para lei-gos*, são algumas características de ordem estética e formal que comprovam isso.

Tzvetan Todorov aponta algumas questões importantes ao analisar a interferência e o significado da oralidade na literatura que, transpostas para o teatro, recebem qualidades de outra ordem. Para o estudioso, "a literatura é um sistema de signos, um código análogo aos outros sistemas significativos, tais como a língua articulada, as artes, as mitologias, as representações oníricas etc. Por outro lado, [...] constrói-se com a ajuda de uma estrutura, isto é, a língua" (2004, p.32). Nesse comentário de Todorov podemos verificar o grau de interferência de quem elabora ou emite o discurso, pois a palavra compreende diferentes níveis – fônico, fonológico, métrico, entonacional, morfológico, sintático, léxico e simbólico, entre outros – e, no caso de dramaturgia que se fundamenta no discurso dos atores, podem aparecer contaminações de ordem estética e histórica dos profissionais envolvidos na sua criação.

Quando reivindica um espetáculo criado a partir da cena, Artaud não apenas aponta, mas também incorpora a interferência da oralidade do ator no texto: "O próprio diálogo [...] não será redigido, fixado *a priori*, mas em cena; será feito em cena, criado em cena, em correlação com a outra linguagem – e com as necessidades – das atitudes dos signos, dos movimentos e dos objetos" (1999, p.131). Ao identificar esse processo de interseção entre a cena e o texto, Artaud adota ainda um termo que bem revela o caráter de significação da fala e dos demais expedientes da cena incorporados ao texto. Segundo ele, essas tentativas resultam numa composição *inscrita*. Inscrever pressupõe considerar na escrita contribuições exteriores – o trabalho do ator, a exploração de objetos, do próprio espaço da encenação, detalhes esses que podem ser identificados na formalização dos textos produzidos pelos dois grupos analisados.

A DRAMATURGIA E A ENCENAÇÃO NO ESPAÇO NÃO CONVENCIONAL 53

Essas experiências em que é considerada a interferência do ator não se opõem ao trabalho do dramaturgo, mas fornecem uma outra possibilidade de construção do texto e, por conseguinte, aquela prática de construção dramatúrgica em que o autor detinha o poder de decidir tudo sozinho cede espaço para as interlocuções de um coletivo criador. E, consequentemente, o intérprete contribui com proposições poéticas e ideológicas que interferem nas dramaturgias do espetáculo.

A interferência do local da encenação na dramaturgia

A etapa em que a equipe de criação chega ao espaço da encenação também revela importantes contribuições dos intérpretes. A montagem de *Evangelho para lei-gos*, a partir das características arquitetônicas, da atmosfera decadente do banheiro público do Viaduto do Chá e da própria população de transeuntes, proporciona aos atores uma série de interferências nas dramaturgias do espetáculo.

Inicialmente trabalha-se com as ferramentas do jogo teatral[12] dentro da perspectiva de reconhecimento do espaço por meio de exercícios corporais, mas sem utilizar os apontamentos cênicos elaborados em salas de ensaio. Esse caminho fundamenta investigações que permitem o surgimento de uma poesia no espaço. Sem usar a palavra como base para essas experiências, evidencia-se a criação de situações e cenas que surgem em função da especificidade do local da encenação e, consequentemente, não contempladas nos experimentos em sala de ensaio. Com isso, aparecem outras possibilidades para a construção de uma geografia da cena, isto é, se antes o que havíamos produzido foi com a intenção de explorar apenas a parte inferior e superior dos boxes, a partir das características arquitetônicas do espaço emergem alternativas que se integram ao espetáculo.

---

12 Essencialmente, trabalhamos com os princípios apontados por Viola Spolin e Augusto Boal.

Figura 13 – Jesus Policial (Daniel Ortega) e Jesus 1 (Bruno Feldman). Foto: Jefferson Coppola

A DRAMATURGIA E A ENCENAÇÃO NO ESPAÇO NÃO CONVENCIONAL

Bruno Feldman, intérprete de Jesus, o cidadão comum, quando sente o teto frio e curvado da galeria nas suas costas, cria uma relação uterina com essa característica arquitetônica. Murros, espancamentos e, ao mesmo tempo, uma procura por um acolhimento dominam essas ações que, posteriormente, foram subsidiadas por textos bíblicos evocativos da vida e da morte.

A divisão da personagem Jesus, o homem comum, amadurece em função dos questionamentos dos atores a partir de uma realidade local. Os mendigos que na época circundam a galeria recebem tratamentos adversos do Estado, ou seja, ora as entidades governamentais doam cobertores para eles se abrigarem, ora são espancados pelos policiais quando usam as escadas da galeria como banheiro. A partir dessa realidade, Leonardo Mussi e Daniel Ortega propõem um *workshop* em que Jesus, até então apenas um cidadão vitimado social e economicamente, desdobra-se em mais duas personagens: uma, que trabalha como assistente social para salvar os excluídos; a outra, um policial que acredita aliviar o sofrimento de quem praticamente já nasce morto socialmente, ao matá-lo com a sua arma.

Figura 14 – Jesus Assistente Social (Leonardo Mussi), Jesus Policial (Daniel Ortega) e Jesus 1 (Bruno Feldman). Foto: Jefferson Coppola

Figura 15 – Jesus Policial (Daniel Ortega). Foto: Eduardo Raimondi

A DRAMATURGIA E A ENCENAÇÃO NO ESPAÇO NÃO CONVENCIONAL 57

Figura 16 – Jesus Assistente Social (Leonardo Mussi). Foto: Eduardo Raimondi

Os diferentes caracteres das personagens tomam outra dimensão quando aplicados às características arquitetônicas do espaço, pois passamos a explorar os vãos das portas de aço que dão acesso ao interior das vitrines, usando-as como cruzes, ou seja, os atores abrem os seus braços nesse espaço vazio como se estivessem sendo crucificados. Posteriormente seriam acrescentados os textos bíblicos do Bom e do Mau Ladrão.

O contato com aquele ambiente e com os cidadãos à margem da sociedade que circulam pelos arredores da galeria influencia substancialmente as criações, principalmente em função da carga energética que encontramos instaurada ali. Em função dessa atmosfera do espaço, o elenco pouco rende, já que a sonolência se estabelece em quase todos os ensaios. Consciente dessa característica, Osvaldo Anzolin cria um *workshop* em que José, o pai de Jesus, bêbado, deita-se sobre algumas almofadas. Vem, em decorrência dessa ideia, a possibilidade de mostrar a passividade e a aceitação do homem da grande metrópole ao defrontar com o cidadão que dorme nas calçadas. Anzolin sugere então que a personagem, ao acomodar-se para dormir, empurre as almofadas contra as pernas do espectador e José permaneça ali, em estado de sonolência, por um longo tempo. Da qualidade energética do espaço, emerge uma possibilidade de discurso, pois a ação do ator faz com que o espectador sinta, literalmente, o peso e as dificuldades do cidadão excluído socialmente. Assim, um incômodo é estabelecido e, desse modo, inserimos um discurso sobre a realidade investigada por meio da cena.

No trabalho de apropriação do espaço – e levando em consideração a sua arquitetura, a sua atmosfera e as pessoas que o circundam – conseguimos projetar novas possibilidades para as personagens. Interferências do campo tátil, olfativo e da própria geografia do espaço colaboram para a ampliação dos discursos.

A contribuição da equipe técnica

Comumente os profissionais de teatro costumam dividir os artistas de um espetáculo em dois blocos distintos: a equipe artística, que geralmente engloba o dramaturgo, o encenador e os intérpretes, e a equipe técnica, composta pelo cenógrafo, figurinista, iluminador e diretor musical, entre outros. Embora dirigidos ao objetivo único de criar um espetáculo, infelizmente há aqueles que veem estes últimos artistas apenas como um complemento daquilo que foi criado pelo encenador, pelo dramaturgo e pelo elenco. Essa visão distorcida permanece em função da prática comum adotada nos meios de produção teatral, ou seja, na maioria dos casos tais artistas só chegam à sala de ensaio quando o espetáculo já se encontra "em pé". Porém, nos processos vivenciados pelo Teatro da Vertigem e pela Cia. Artehúmus de Teatro, aos poucos a chamada equipe técnica se integra à montagem como mais um elemento que interfere na escrita do espetáculo.

Laércio Resende, responsável pela direção musical dos espetáculos do Vertigem, ao deparar com as singularidades dos locais das encenações, investiga as possibilidades sonoras que o próprio espaço oferece. A habitual trilha sonora, oriunda de melodias ou canções que geralmente são utilizadas para intensificar ou dar um clima ao espetáculo, é substituída por outra possibilidade, ainda que com função assemelhada. Para tanto, o diretor musical explora ruídos criados a partir da própria materialidade do local, e deles cria sonoridades.

Figura 17 – Cena da Desarrumação dos bancos. Foto: Eduardo Knapp

Na abertura de *O paraíso perdido*, ouvimos sons de sinos e assobios que se tornam longos e intensos em função da arquitetura do espaço. Os bancos da igreja, ao serem puxados ou quando colidem uns com os outros, produzem, dentro daquele ambiente propício ao eco, barulhos ensurdecedores. Já a trilha sonora de *O livro de Jó* intensifica o som da mobília hospitalar:

> os sons metálicos de macas e mesas hospitalares sendo locomovidos (e tendo suas ferragens atritadas) diante dos espectadores levavam esses últimos a sentirem quase que fisicamente o impacto do trabalho teatral, extrapolando-se, de certo modo, a dimensão puramente sígnica e representacional dos elementos materiais utilizados em cena. (Costa, 2004, p.56)

Seguindo essa linha estética de explorar o espaço e seus objetos como possibilidades de criação de uma trilha sonora, o diretor musical, quando pesquisa as características do Presídio do Hipódromo, utiliza o som das dobradiças dos pesados portões da penitenciária onde é encenado *Apocalipse 1,11*. Porém, especificamente nesse espetáculo, há o emprego de trilha sonora gravada. Quando a encenação chega ao segundo andar do presídio em que há a cenografia de uma boate, Resende cria uma trilha alicerçada em gravações de músicas impregnadas no imaginário popular. Na cena *Humilhação do negro* ouve-se *Aquarela do Brasil*, de Ary Barroso; *Conga*, cantada por Gretchen, é usada para a entrada triunfal da Besta no palco da boate. Até uma gravação em que Cid Moreira narra passagens da *Bíblia* é inserida na cena *Solo das calcinhas*.

Com relação à cenografia, Marcos Pedroso trabalha a partir de duas perspectivas: "buscar a carga semântica do espaço, enfatizando-a ou transformando-a conforme a necessidade conceitual e estética da montagem [...] ter o público como elemento presente e ativo – são características do trabalho da cenografia nas montagens do Teatro da Vertigem" (In: *Trilogia bíblica*, 2002, p.70). A partir do local da encenação, o cenógrafo prioriza em seus trabalhos dois pontos: o primeiro, em relação à transformação do espaço quando preciso; o segundo, ao preocupar-se com a alteração de percepção do espectador

– uma característica enfatizada nas suas cenografias –, principalmente se considerarmos que todas as experiências do Teatro da Vertigem primam pelo expediente processional.

No caso de *Evangelho para lei-gos*, há diferenças de pontos de vista quanto à inclusão de cenografia no espaço não convencional. Osvaldo Anzolin, ator que também assina a cenografia do espetáculo, preocupa-se em não alterar as características do espaço, pois o objetivo principal é trazer para a encenação a atmosfera degradada do local. O próprio espaço já oferecia condições adequadas para as exigências da encenação, exceto as questões acústicas. Para resolver esse problema, as entradas da Galeria do Viaduto do Chá são isoladas com placas de Eucatex, escolhidas porque tinham anúncios de empreendimentos imobiliários, em contradição com a realidade vivenciada pelas personagens, ou seja, a falta de moradia.

Interferências de outra ordem em *Evangelho para lei-gos* estabelecem-se, como, um imenso varal de roupas velhas que ladeia as vitrines e o fundo das cabines sanitárias. Até mesmo as acomodações oferecidas ao público – sofás, almofadas e tapetes – remetem ao estado de degradação suscitado pelo tema.

Figura 18 – Porta principal de acesso aos banheiros. Foto: Eduardo Raimondi

No Vertigem e, especialmente, em *Apocalipse 1,11*, as ambientações, embora dialoguem com os assuntos tratados, são criadas para provocar distanciamentos quanto ao espaço da encenação. A construção cenográfica da boate dentro de um presídio é um claro exemplo dessa licença poética em relação à historicidade do espaço.

Há, portanto, uma distinção na criação dos cenógrafos em relação ao uso dos locais: enquanto um preserva as características do prédio, o outro trabalha alterando-o e inserindo outros elementos que provocam estranhamento ao significado semântico do espaço.

O figurinista Fábio Namatame assinala que, assistindo aos ensaios de *O paraíso perdido*, percebe o intenso trabalho corporal dos atores e cria figurinos para revelar essa característica. Ciente do projeto de iluminação de Guilherme Bonfanti, que tem como finalidade utilizar majoritariamente velas, o figurinista trabalha sob a perspectiva de contraste, ou seja, utiliza cores mais claras nas roupas para que possam se destacar do tom soturno criado pela iluminação e pela característica arquitetônica.

A concepção de luz elaborada para os espetáculos dos dois grupos ultrapassa o conceito de uma iluminação habitual. Para tanto, além de iluminar a cena, os iluminadores constroem os equipamentos. Sobre a sua criação, Bonfanti declara:

> Meu trabalho de criação com o Teatro da Vertigem tem como base quatro pontos: experimentação, pesquisa, pesquisa de campo e um processo de construção artesanal. [...] A cada momento que Jó se dirige a Deus, a luz se faz presente; no final, ele caminha ao encontro de Deus/luz. (In: *Trilogia bíblica*, 2002, p.65)

O trabalho de Bonfanti ganha caracteres diferenciados, em dois aspectos. O primeiro porque, embasado no assunto, o iluminador passa a construir artesanalmente alguns equipamentos; o segundo, por explorar objetos do espaço como equipamentos: em *O paraíso perdido*, a luz perpassa as treliças do confessionário; em *O livro de Jó*, os equipamentos de radiografia fornecem luz para a cena.

Edu Silva, criador da iluminação de *Evangelho para lei-gos*, ao perceber a precariedade arquitetônica do banheiro público do

A DRAMATURGIA E A ENCENAÇÃO NO ESPAÇO NÃO CONVENCIONAL 63

Viaduto do Chá, toma a decisão de não utilizar nenhum refletor para levar luz à cena. Para tanto, o iluminador passa a pesquisar possibilidades associadas à realidade das personagens e ao espaço da encenação.

Na primeira fase da pesquisa, o iluminador testa a possibilidade de produzir a luz do espetáculo por meio do contato dos fios de energia com água e sal dentro de um reservatório. Essa ideia vem da leitura que ele faz em relação ao tema da peça como uma das primeiras tentativas de iluminar um espetáculo teatral por meio da luz elétrica. Sob essa perspectiva, Silva tenta estabelecer uma leitura entre a precariedade tratada na ficção e a precariedade técnica de alguns teatros que não tivessem uma mesa de luz. Assim, para que a luz, gradativamente, ilumine a cena, o iluminador aproxima os fios elétricos para o fundo do reservatório com água e sal.

Porém, como a intensidade alcançada por meio desse recurso era muito escassa, Silva pesquisa outras soluções que confluem para a temática e o espaço da encenação. Recorrendo ao recurso comum da eletricidade, o iluminador define duas prioridades: iluminar o espetáculo por meio de luz incandescente; a segunda, expor a materialidade dos condutores de luz como elemento cenográfico. Assim, como nos cortiços ou favelas em que vivem os cidadãos menos favorecidos, a fiação fica emaranhada e exposta à vista do espectador para aludir aos famosos "gatos de energia" (fios ligados clandestinamente).

Diante da opção de não usar refletores, Silva também constrói todos os equipamentos de luz de *Evangelho para lei-gos*. Para isso, utiliza objetos sucateados que remetem ao tema e ao espaço, como, por exemplo, a luz saindo de vasos sanitários danificados, de baldes plásticos, de latas de tinta e de óleo. Mas se nesse aspecto a concepção de luz do artista se aproxima daquelas realizadas por Guilherme Bonfanti, o mesmo não ocorre em relação ao artifício criado por Silva para a realização das atmosferas cênicas. Bonfanti utiliza gelatinas e Silva faz as cores chegarem à cena por meio de luzes que batem nas garrafas de vidro coloridas. Com isso, o artista inclui uma referência ao alcoolismo presente na vida dos moradores de rua, realidade da personagem José, o pai de Jesus.

64 EVILL REBOUÇAS

Ao observarmos as proposições desses profissionais – diretor musical, cenógrafo, figurinista e iluminador, entre outros –, não faz sentido distingui-los ou separá-los da chamada equipe artística. Salvo algumas exceções, se nos processos convencionais esses profissionais são, em geral, inseridos posteriormente como simples executores de uma leitura pré-concebida pelo encenador, aqui eles acompanham os processos e têm a possibilidade de realizar criações que interferem no âmbito estético e formal do espetáculo.

Uma visão de mundo compartilhada

O processo colaborativo e demais nomenclaturas que abarcam a elaboração de dramaturgias por meio de um coletivo se assemelha à criação coletiva. Abreu, ao reconhecer o parentesco entre esses processos de criação, comenta: "O que se convencionou chamar, nos anos 1990, de processo colaborativo, não é mais do que uma reelaboração da criação coletiva dos anos 1970 que pudesse fazer frente aos desafios da construção do espetáculo nos tempos que correm" (2006, p.14).

Porém, se na criação coletiva os integrantes ocupam espaços iguais para proposições e as questões artísticas são resolvidas, geralmente, de forma autônoma, nos processos utilizados pelos dois grupos paulistanos cada área do espetáculo tem um profissional respondendo por ela. Assim, o figurinista, o iluminador, o sonoplasta, o cenógrafo e o diretor musical, entre outros, não são mais vistos como complementos do processo de criação. Suas proposições somam-se aos experimentos criados pelo elenco, pelo dramaturgo e pelo encenador na sala de ensaio e na exploração do espaço da encenação.

Adélia Nicolete destaca que no processo colaborativo, além desse sistema de coordenação para cada área do espetáculo, a prática adotada pelo Teatro da Vertigem e por outros grupos teatrais também prioriza o caráter não cumulativo de funções. Em *Evangelho para lei-gos*, Gilda Vandenbrande, Osvaldo Anzolin e eu desempenhamos, respectivamente, as atividades de atriz/diretora musical; ator/cenógrafo e dramaturgo/encenador. No entanto, a duplicação de funções

Figura 19 – Ensaio musical – Equipe de *Evangelho para lei-gos*. Foto: Eduardo Raimondi

na Cia. Artehúmus de Teatro não impede a autonomia dos artistas em seus respectivos campos de trabalho e nem afeta o princípio poético e ideológico de criar *dramaturgias em processo*, isto é, construir discursos coletivamente, a partir de tessituras dramatúrgicas originadas de todas as áreas que constituem o espetáculo. E, independentemente do acúmulo de funções, o aproveitamento ou a reelaboração das criações passam pelo crivo do profissional responsável pela área.

Outro expediente adotado nos dois grupos é a seleção dos produtos cênicos realizados e essa é a fase mais complexa do trabalho. Abreu, em palestras e entrevistas sobre o processo colaborativo em *O livro de Jó* e em outros espetáculos, jamais omite as negociações: "É um acordo tenso, precário, sujeito, muitas vezes, a constantes reavaliações durante o percurso. Confrontação (de ideias e material criativo) e acordo são pedras angulares no processo colaborativo" (2003, p.36). Segundo o dramaturgo, esse embate abrange a subjetividade das ideias e a objetividade dos produtos cênicos e, para mediar esses entraves elege-se a cena, e nada é refutado pela equipe antes de ser testado.

Mesmo partindo de uma ideologia que pressupõe construir e partilhar uma visão de mundo sobre o tema, é inerente ao encenador e ao dramaturgo a tarefa de organizar as proposições. Bonassi, comprova esse aspecto, em entrevista a Miriam Rinaldi: "Juntamente com o Antônio Araújo, nós selecionamos temas para improvisações" (2005, p.47). Trabalhar com uma seleção de temas, a princípio, elaborada pelo dramaturgo e pelo encenador pressupõe também um ponto de vista desses dois profissionais sobre o assunto. Logo, a escolha, mesmo que seja algo selecionado a partir da criação de um coletivo, passa necessariamente pela visão de mundo de quem faz.

Nesse processo de seleção, o encenador ainda detém o maior poder de decisão. Sua influência na escolha do tema, na indicação de literatura complementar e, principalmente, por responder pela unidade do espetáculo confere-lhe a atividade de filtrar, organizar, orientar e ver o espetáculo como um todo.

Em *Evangelho para lei-gos* ocorrem questionamentos semelhantes em relação à efetivação plena da visão de mundo compartilhada nesses processos de escolha. Na última fase de construção do espetáculo tínhamos um terço de uma equipe totalmente nova e o primeiro esboço dramatúrgico – fruto das experiências anteriores – encontrava-se pronto. Como inserir pontos de vista em um material, *a priori*, pronto? Destruir o que outrora construímos não seria a intenção e, muito menos, privar os novos participantes de interferir no produto.

O trabalho de exploração do espaço da encenação e a pesquisa de campo respondem, em parte, esses questionamentos, pois um número considerável de cenas novas passa a se estabelecer; cenas antigas são descartadas e outras reformuladas. Dialeticamente, se os últimos integrantes apenas inserem pontos de vista em algo esboçado pelos componentes anteriores, a junção dessas interseções agregam ao espetáculo uma ampliação de leituras sobre o assunto.

Outro ponto que merece atenção em relação à visão de mundo compartilhada refere-se à atividade de "costurar" dramaturgicamente os produtos cênicos apresentados. Tal atividade pode interferir na leitura do espetáculo, pois organizar um texto, eleger uma estrutura para se contar uma história é, segundo Tzvetan Todorov, um fato a ser considerado: "toda narrativa é uma escolha e uma construção; é um discurso e não uma série de acontecimentos" (2004, p.108).

A DRAMATURGIA E A ENCENAÇÃO NO ESPAÇO NÃO CONVENCIONAL 67

Abreu menciona aspectos da sua metodologia de criação que difere, em parte, do pensamento de Todorov. O autor de *O livro de Jó*, ao utilizar o *canovaccio* ou *canevas*[13] como sistema de organização das ações, afirma que esse expediente não privilegia uma visão particular do dramaturgo e, ainda que ela prevaleça, há procedimentos ulteriores que interferem nessa seleção de pensamentos:

> Se ideias, propostas verbais e avaliações não têm o poder de inviabilizar uma cena construída no papel ou no palco, esta, ao contrário, tem o poder de modificar o *canovaccio*, aprofundar o tema ou até provocar uma revisão na abordagem do assunto escolhido. (2003, p.38)

A cena, dessa maneira, é o expediente que horizontaliza as proposições e, em termos gerais, o que podemos avaliar é que embora exista algo pré-selecionado pelo roteiro de ações, a maleabilidade do processo possibilita aos seus integrantes discordar ou acrescentar posicionamentos à seleção. Porém, mesmo que o processo dê voz e direitos a todos, a existência dessa prática não garante uma cooperação igualitária, ou seja, ela depende dos diferentes níveis de contribuição de cada parte e da flexibilidade de quem coordena-o. Ainda assim encontra-se implícito nesse modo de criação dramatúrgica uma visão de mundo compartilhada, pois nele se efetivam posicionamentos poéticos e ideológicos de um coletivo em um produto que se dá pela cena. E por conter em seus procedimentos a possibilidade de o indivíduo posicionar-se perante determinado assunto, há um espaço reservado para proposições e questionamentos individuais que irão fundamentar algo coletivo – um espetáculo construído por dramaturgias plurais.

---

13 "O *canevas* é o resumo (o roteiro) de uma peça para as improvisações dos atores, em particular na *commedia dell'arte*. Os comediantes usam os roteiros (ou *canovaccios*) para resumir a intriga, fixar os jogos de cena, os efeitos especiais ou os *lazzi*". (Pavis, 1999, p.38)

2
TRAÇOS ESTILÍSTICOS
DE UMA DRAMATURGIA HÍBRIDA

Sempre me lembro de Godard quando foi criticado por um crítico, que lhe dizia: "Você tem que admitir, senhor Godard, que o filme tem começo, meio e fim"; ao que Godard respondeu: "Você tem razão, mas não necessariamente nessa sequência."

Hans-Thyes Lehmann

Tendo como base uma escrita que se processa por meio da cena e a partir da interferência do espaço da encenação, analisamos como os autores dos textos montados pelo Teatro da Vertigem e pela Cia. Artehúmus de Teatro construíram e manejaram alguns pressupostos da escrita cênica teatral.

Da vasta literatura que comenta os conceitos teóricos que compõem uma obra dramatúrgica, consideramos três tópicos representativos: o argumento – que pode ser lido também como fábula ou enredo –, as *palhetas estilísticas*[1] e as mudanças de estatuto das rubricas, elementos

---

1 Termo utilizado por Hans-Thies Lehmann para designar as características de uma dramaturgia realizada a partir de estruturas que ampliam a narrativa e, consequentemente, a percepção do espectador.

70 EVILL REBOUÇAS

que acreditamos revelam aspectos significativos das obras pesquisadas. Para fundamentar as discussões, utilizamos algumas conceituações ligadas à chamada dramaturgia contemporânea e pós-dramática.

A construção do argumento, fábula ou enredo

Patrice Pavis inicia uma reflexão sobre o argumento, referindo-se à raiz da palavra: do latim *argumentum*, coisa mostrada, dada, exposta. Posteriormente, dá a sua primeira acepção: é o resumo da narrativa que também recebe o nome de fábula, *mythos* ou assunto (1999, p.23).

Pavis define a fábula – que corresponde ao termo grego *mythos*, ou ao termo *plot*, vindo do inglês – de acordo com a sua utilização. O autor dramático, por exemplo, procura compor a fábula a partir de ações que revelam motivações, conflitos, resoluções e desenlace, elementos compreendidos em um espaço e um tempo criados pela ficção. E para que isso aconteça, acrescenta o ensaísta, o autor que segue as regras da dramaturgia clássica comporá a sua história respeitando uma ordem cronológica dos acontecimentos: exposição, aumento da tensão, crise, nó, catástrofe e desenlace (idem, p.157).

No entanto, ao depararmos com a produção dramatúrgica de Brecht, o conceito de fábula apresenta outros contornos. Para o teórico alemão, a fábula é explicitada não apenas pelo texto, mas por um conjunto de fatores relativos à encenação: atores, cenógrafos, maquiadores, figurinistas e músicos, entre outros. Além disso, Brecht não se baseia numa história contínua e unificada para desenvolver a fábula. Ao contrário, se alicerça no princípio da descontinuidade, ou seja, o autor não tem interesse em escrever uma história linear, e sim em alinhar episódios autônomos.

Diante desses dois exemplos e, independentemente de uma cronologia das situações do texto, a fábula encontra-se muito próxima da "história da peça". Mas é necessário fazermos certas distinções, principalmente quando a correlacionamos com termos como *plot* (intriga). Embora o *plot* também seja um relato de acontecimentos, o autor pode construí-lo sem organizá-lo necessariamente em sequência temporal.

A DRAMATURGIA E A ENCENAÇÃO NO ESPAÇO NÃO CONVENCIONAL **71**

Outro termo que também está muito próximo de argumento, fábula ou *mythos* é a palavra enredo. Mas há diferenciações, conforme aponta Umberto Eco, ao retomar a ideia dos formalistas russos:

> Fábula é o esquema fundamental da narração, a lógica das ações e a sintaxe dos personagens, o curso de eventos ordenado temporalmente. [...] O enredo, pelo contrário, é a história como de fato é contada, conforme aparece na superfície, com as suas deslocações temporais, saltos para frente e para trás (ou seja, antecipações e *flash-backs*), descrições, digressões, reflexões parentéticas. Num texto narrativo o enredo identifica-se com as estruturas discursivas. (2004, p.85-6)

Analisemos as obras do Teatro da Vertigem e da Cia. Artehúmus de Teatro à luz das conceituações de argumento, fábula ou enredo.

A descontinuidade temporal

Dos quatro textos analisados nesta pesquisa, dois deles apresentam com maior evidência uma estrutura descontinuada. Tanto em *O paraíso perdido* como em *Evangelho para lei-gos*, os fatos são dispostos desordenadamente, sem cronologia e nem causalidade. Seus dramaturgos optam por uma característica da dramaturgia contemporânea, isto é, a estrutura retalhada.[2]

No texto de *O paraíso perdido* temos um Anjo Caído, encarcerado em uma igreja que contesta a sua expulsão do Jardim do Éden. Em contato com personagens e passagens que se encontram na esfera humana e que aludem ao seu passado, o Anjo Caído questiona as leis de criação e de punição. Ao final, aceita a sua queda e perde as asas. Na sua peregrinação, ele depara-se com situações e personagens que o levam a questionar o que lhe foi impingido: "Por que indagar minha culpa e examinar meu pecado, se tudo foi modelado à sua imagem e semelhança?" ou "Ele existiu primeiro e se prevalece dessa vantagem

---

2 No Anexo I descrevemos as ações e o desenvolvimento dos enredos de cada texto.

para me fazer crer que tudo dele provém." (Carvalho, 2002, p.107 e 104). Dessas inquietações, tanto o Anjo Caído quanto o Filho Castigado – uma das personagens que surgem na frente do Anjo – não aceitam tais leis, sejam elas impostas por um Pai Eterno ou por um genitor.

Figura 20 – Cena Brincando com fogo. Foto: Eduardo Knapp

A despeito de a ação da peça ser conduzida pelo Anjo Caído, aparecem personagens que, ainda que tenham identidades próprias, são desdobramentos psicológicos de situações vividas pelo protagonista: um passado que dilacera o estado presente. Assim, as ações, embora surjam das inquietações do Anjo Caído (plano divino), se entrelaçam com a esfera terrena. Exemplo disso são os momentos em que o Anjo vê os três pais ninando seus filhos e posteriormente as crianças caem de seus colos. Ou quando os pais, ao verem seus filhos queimarem um avião de papel, aplicam uma sequência de castigos. Dessa forma, o autor articula situações entre esses dois planos para expor o poder e a punição de um pai comum ou um Pai Eterno.

Sérgio de Carvalho, ao trabalhar com as esferas do divino e do humano, constrói duas linhas de ação: uma em que o Anjo Caído questiona o poder divinal e outra que engloba o plano humano onde se encontram o espectador e a igreja. Com essa estrutura é evidenciado que, se por um lado o Anjo questiona as punições do Pai, por outro, o espectador e o prédio sagrado são a própria extensão dessas leis que ele, Anjo Caído, não aceita.

Em *Evangelho para lei-gos*, a narrativa mostra Jesus, um homem comum, em relação direta com as suas dualidades – o Jesus Policial e o Jesus Assistente Social. Ao deparar com a dialética do seu eu, ele tenta elucidar sua trajetória. Para tanto, retorna ao banheiro onde houve uma tentativa de aborto quando ele ainda estava no ventre materno. Surgem então Maria, José, Vizinha da Direita, Vizinha da Esquerda, Fátima e a Sanfoneira como pedaços de um passado. Ao presenciar essas cenas e, às vezes, participar delas, Jesus descobre que o sangue que nunca saiu do seu corpo e do piso do banheiro é originado da sua relação com uma sociedade alheia aos problemas socioeconômicos.

Figura 21 – Sanfoneira (Cláudia Cascarelli), José (Osvaldo Anzolin), Jesus 1 (Bruno Feldman) e Marli, a Vizinha da Direita (Bia Szvat). Foto: Jefferson Copolla

Além dos planos distintos da estrutura fabular, decorrentes da inclusão de cenas anteriores no momento presente, temos ainda outra sobreposição de tempo. Maria, após ficar prostrada sobre a mancha de sangue, ocasionada pela tentativa de aborto, depõe e é convencida a retirar-se do banheiro por José:

(Volta foco em Maria. Há um novo depoimento.)

MARIA Assassina, sim. Confesso. Acordo todos os dias com o pensamento firme na ideia de morrer. Desconheço se a morte é um fim ou um começo. Me consolo em estar viva ao pensar que as pessoas que matei, e foram muitas, não vivem mais, não vivem mais... Sei que ainda hei de me matar um dia quando vencer esse medo que tá aqui. Espero que esse dia venha como um nascimento.

(José abre a porta principal do banheiro. Aproxima-se de Maria, como que querendo consolá-la.)

JOSÉ Ô Maria... Pra que ficar trancada aqui, minha nega?

MARIA Lembrando... Lembrando de Jesus...

JOSÉ Lembrando? Pra quê? Já faz tanto tempo que ele já....

MARIA Lembrando...

JOSÉ Tão novo...

MARIA Jesus morreu com 33...

JOSÉ O nosso, não, Maria.

MARIA Foi mais cedo que Jesus.

JOSÉ É, foi mais cedo... Vamo, Maria, vamo... Vamo que amanhã eu tenho que trabalhar mais cedo...

(Os dois saem do banheiro. Uma canção acompanha as suas trajetórias. Há um breve silêncio. Depois, um barulho ensurdecedor. A luz revela Jesus 1 caído no chão, no mesmo local em que começou a peça).

Anteriormente a essa situação, temos um enredo construído a fim de evidenciar que o tempo presente da narrativa está alicerçado nas ações observadas ou vivenciadas por Jesus. É ele que detém o poder de avançar ou recuar a história. Porém, a partir do desenvolvimento da cena entre Maria e José, emerge uma outra dimensão temporal: o tempo presente em que se passa a ação pode ser interpretado como uma lembrança de Maria, ou ainda, a lembrança dos dois ao mesmo tempo. Por meio dessa manipulação indefinida do tempo, o entrelaçamento do enredo não se dá apenas na voz das personagens, mas também na voz estrutural do autor.

Hans-Thyes Lehmann, o teórico que cunhou o conceito "pós--dramático", vê na descontinuidade de tempo uma das possibilidades

Figura 22 – Maria (Gilda Vandenbrande) e José (Osvaldo Anzolin). Foto: Eduardo Raimondi

de um novo teatro. Segundo o teórico, alguns autores apontam essa modificação da unidade de tempo em suas obras:

> Transformaram o teatro numa coisa extremamente lenta. E com isso o tempo começou a ser um tema. Ou eles aceleram muito o tempo, e dessa maneira o tempo também se tornou tema. Ou eles criaram colagens e, a partir dessas colagens, não se teve mais um tempo contínuo. (2003, p.10)

Por meio desse artifício estrutural, o dramaturgo modifica a utilização do tempo – contrariamente ao efeito de verossimilhança da unidade que provoca no espectador um envolvimento, a ponto de o tempo da ficção desaparecer.

Sobre os efeitos da não linearidade temporal na dramaturgia, Anne Ubersfeld comenta que nesses vazios provocados pela estrutura da narrativa, instala-se a cooperação da plateia e, instintivamente, o público passa a completar os espaços a fim de construir um sentido geral para as partes soltas (2005, p.129) – um expediente explorado em larga escala em estruturas contemporâneas. Dessa forma, temos nesse arranjo estrutural uma descontinuidade cronológica que põe em evidência um outro tempo: o tempo presente, o tempo da apreciação.

A visão de mundo a partir da estruturação fabular

Um dos aspectos mais significativos em relação à construção da fábula ou *mythos* refere-se à visão de mundo do autor. Aristóteles, em sua *Poética*, apresenta uma definição bem clara quanto ao conceito em pauta. Para ele, o argumento é o ponto de partida para a construção do drama, pois assim o autor comporá a ideia geral e só depois desenvolverá os episódios (s.d., p.17-8).

Os processos de construção dramatúrgica do Vertigem e da Artehúmus assemelham-se ao pressuposto aristotélico – exceção feita apenas na elaboração de *O paraíso perdido*. Nas demais montagens, os participantes desses grupos, antes de experimentarem em sala de ensaio as situações para a construção do texto, definem primeiramente a ideia geral do assunto a ser discutido. O que difere, essencialmente, do pressuposto levantado por Aristóteles é a metodologia aplicada nessas experiências, pois aquilo que se encontra previamente esboçado em um *canovaccio* ou roteiro passa anteriormente pela experimentação cênica. Nesse sentido, o desenvolvimento da narrativa – filiada ao conceito de dramaturgia clássica ou não – está diretamente ligado à forma como o autor organiza as situações para esboçar uma possível visão de mundo perante o assunto tratado.

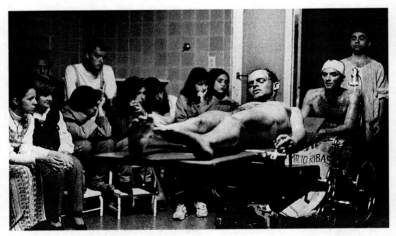

Figura 23 – Jó (Matheus Nachtergaele) e Eliú (Sergio Siviero). Foto: Lenise Pinheiro

A DRAMATURGIA E A ENCENAÇÃO NO ESPAÇO NÃO CONVENCIONAL **77**

No segundo espetáculo do Vertigem, Luís Alberto de Abreu mostra Jó, um dos filhos mais fiéis de Deus que, após ser acometido por uma peste e perder seus filhos e bens materiais, procura na fé uma explicação para esses males. Sem entender porque é castigado pelo Criador e não suportando mais as dores de suas enfermidades, Jó não aceita apenas as palavras da *Bíblia* como resposta ao que lhe acontece. Ele exige a presença do Pai, suplica pela morte e por fim é atendido.

Pela articulação desses acontecimentos, percebe-se uma clara discussão sobre a desesperança do homem, mas que brada pela presença de Deus. E nesse sentido, a peste que acomete a personagem central é o elemento que demonstra a provação de Jó e de sua fé. Uma dignidade do homem diante do sofrimento que faz com que ele necessite dos templos e de seus pregadores para aceitar as provações enviadas pelo poder divino?

O que podemos observar é que a peça é "um substrato histórico do Antigo Testamento" (Lima, 1995) e Abreu desenha, dialeticamente, essa necessidade de punição que foi incutida no ser humano. Se, por um lado, Jó padece, aceita a sua via-crúcis e exige a presença de Deus, há também as personagens Matriarca e Mestre que negam a existência do Criador. Uma dualidade que mostra um Deus morto, principalmente por um dos condutores da história (Mestre) e não por Jó. Aliás, duas visões que se contrapõem e podem suscitar reflexões quanto à dependência gerada pelas instituições religiosas.

Outra proposição presente em *O livro de Jó* encontra-se na relação estabelecida entre o protagonista, Elifaz, Baldad e Sofar. Em determinado momento, os três amigos perguntam a Jó se ele quer mudar a crença, questionar os ensinamentos, desdizer os profetas, mudar os ritos, combater os dogmas, romper a tradição. Porém, ao questionarem Jó, os amigos afirmam os seus compromissos com a fé; por outro lado, mostram nas suas atitudes quão nociva pode ser a dominação da fé sobre o homem.

As narrativas realizadas por Mestre e Contramestre também são desenvolvidas sob um princípio dialético. Em suas falas nunca há uma certeza do que contam: a palavra "talvez" está sempre permeando o que afirmam. Poderia ser uma maneira de o autor dizer que podem existir outras versões, outras visões de mundo sobre essa mesma história?

Na estrutura fabular de *Apocalipse 1,11*, acompanhamos João, um ser comum ou a personagem bíblica, à procura da Nova Jerusalém antes de o apocalipse acontecer. Nessa peregrinação ele observa as aberrações e os julgamentos dos homens. Por fim, ao purgar a sua culpa com o que presenciou, valida a sua própria absolvição e volta às ruas como antes.

Figura 24 – João (Vanderlei Bernardino). Foto: Guilherme Bonfanti

Figura 25 – Jesus 1 (Bruno Feldman). Foto: Eduardo Raimondi

Dessa disposição de situações, surge novamente um questionamento sobre o processo de compreensão e remissão dos pecados do homem diante da crença. O paralelo traçado entre as passagens bíblicas e os acontecimentos do tempo contemporâneo revela que o fim de mundo abordado no *Apocalipse* pode estar presente nos dias atuais.

Nas três montagens realizadas pelo Vertigem assim como em *Evangelho para lei-gos*, temos personagens sagradas em contato com realidades do mundo contemporâneo. A inserção dessas figuras na ficção revela uma outra possibilidade de discurso. Sobre esse aspecto, Brecht, ao investigar a construção de uma narrativa no *Aditivo* ao *Pequeno Organon* comenta que a construção fabular deve ir além daquilo encontrado no cotidiano e, para tanto, o autor precisa criar situações que expressem a sua concepção de mundo diante da sociedade (apud Pavis, 1999, p.159). Dessa forma temos, a partir da inserção de personagens bíblicas, um cruzamento entre as realidades de um passado histórico com aquelas relacionadas com o plano atual. Essa dualidade revela uma preocupação dos autores em discutir assuntos atuais por meio de figuras e fatos impregnados no imaginário popular. Há, portanto, nessa estrutura fabular, discursos questionadores que vão além do diálogo, isto é, estão nas entrelinhas da construção fabular.

Figura 26 – Senhor Morto (Roberto Audio). Foto: Lenise Pinheiro

80 EVILL REBOUÇAS

Dessa tensão entre o histórico e o contemporâneo podem surgir vários questionamentos. Quais as reais intenções de quem defende a separação entre o sagrado e o profano? Os dogmas religiosos são interpretados conforme os interesses das instituições que os proclamam? As questões levantadas vão além desses simples exemplos e originam-se basicamente em função dos espaçamentos criados pelos autores nos seus textos. São brechas que aparecem em decorrência da estrutura dramatúrgica.

Construção fabular aberta

Outra característica relacionada à construção da fábula diz respeito à forma como o dramaturgo encaminha a resolução dos fatos apresentados. Umberto Eco, ao examinar uma boa parte da produção cultural contemporânea, detecta uma dialética entre "forma e abertura". De acordo com os seus apontamentos, essa característica está relacionada ao caráter de *obra aberta* (2005, p.22-3), ou seja, o artista, ao construir uma obra de arte, deixa espaços para que o espectador complete-a. Nesse caso, o apreciador precisa acionar uma articulação de pensamento a fim de dar sentido ou completar aquilo que se encontra ausente na obra. Porém, ao pesquisar esses espaços vazios, o filósofo faz uma ressalva: ainda que a obra dependa do espectador para completar-se, o artista precisa construir uma estrutura mínima para que ela se complete no momento da apreciação.

A ambiguidade ou abertura identificada por Eco é uma das características preponderantes nas dramaturgias encenadas pelos dois grupos paulistanos. O espectador acostumado a entender uma peça de teatro a partir de uma estrutura linear e causal certamente não encontrará esses facilitadores nos enredos em questão. Nesses textos, ao contrário da estrutura clássica, não se procura contar uma história cronologicamente linear e nem tampouco seguir as leis de causa e efeito. Difícil mesmo é tentarmos fazer um resumo da história contada em função da pluralidade de tempos e de situações desconexas.

Jean-Pierre Sarrazac, ao observar os espaços vazios no teatro pós-dramático, faz uma diferenciação entre esse expediente e aquele utilizado em peças que seguem uma estrutura clássica:

A DRAMATURGIA E A ENCENAÇÃO NO ESPAÇO NÃO CONVENCIONAL 81

A operação preferida deste teatro neoaristotélico, que proclamava o horror ao vazio, era, evidentemente, a *satura*. A divisão em atos e em cenas constituía, na verdade, um falso recorte, como se tivéssemos disposto na peça esconderijos, em intervalos regulares, para dissimular as fraturas. A extensão regular dos atos e das cenas tinha em vista o mesmo objetivo: criar uma certa uniformidade para preservar a fluidez da corrente dramática e a harmonia do "belo animal". (2002, p.72)

Diferentemente da *satura*, os "respiros" encontrados nas dramaturgias do Vertigem e da Artehúmus não correspondem ao "belo animal" mencionado por Aristóteles. Isso ocorre, essencialmente, em função dos diferentes níveis de tempos e de situações, aparentemente desarticulados, que permitem ao leitor ou ao espectador uma pluralidade de leituras e entendimentos. Nessa escrita, os dramaturgos estão muito mais interessados em construir situações que permitam reflexões sobre o tema do que propriamente construir as ascensões de conflitos e de linearidade de uma história. Sarrazac, em contato com as estruturas do teatro pós-dramático, identifica nesse enfraquecimento fabular algo positivo:

o teatro de hoje vive bem com défice crescente de *continuum* dramático. A segmentação e o espaçamento rigoroso do texto não são reconhecidos gratuitamente, mas sim para remediar toda a nostalgia da figuração. Reinventar, variar, ajustar o recorte do texto dramático é o mesmo que dedicar-se a um trabalho sisifiano de *desnaturalização*. [...] "Espaçar" o texto dramático é erigir uma arquitetura do vazio. Desconstruir. (idem, p.73-4)

Nessas experiências, se por um lado há um esvaziamento fabular, por outro o autor explora mecanismos dramatúrgicos de outra ordem. As situações criadas passam a ser o cerne da questão em detrimento de uma progressão de trajetórias. Jean-Pierre Ryngaert, ao observar a tendência de uma ausência fabular na produção contemporânea, comenta:

Nos textos contemporâneos em que as ações e os fatos são antes raros ou difíceis de distinguir, tanto a construção do substrato narrativo quanto a elaboração de um ponto de vista sobre a narrativa apresentam dificuldades. Frequentemente questionado, o enredo sobrevive ao menos da forma de fragmentos de narrativas ou de conjunto de acontecimentos cuja importância é difícil de medir. Fala-se com frequência de *micro-enredos* que correspondem a narrativas mínimas ou fragmentárias, ou de *enredos ambíguos* quando se prestam a muitas interpretações. Parece difícil ter em vista um teatro do qual o enredo esteja totalmente ausente, mesmo que seja porque o leitor se apresse para procurar e construir um. (1998, p.225-6)

Ryngaert, diferentemente de Sarrazac, vê uma possibilidade de construção fabular, ainda que o texto não apresente encadeamentos lógicos e mesmo que o dramaturgo recuse a estrutura aristotélica, as micro-histórias podem levar o espectador a construir um sentido para as partes.

Figura 27 – Jesus Policial (Daniel Ortega), Jesus 1 (Bruno Feldman) e Jesus Assistente Social (Leonardo Mussi). Foto: Eduardo Raimondi

Nas dramaturgias produzidas pelos grupos em questão, embora exista a fragmentação, os autores "costuram" os blocos cênicos por meio de uma personagem que perpassa as ações. Assim, temos o Anjo Caído em *O paraíso perdido;* em *O livro de Jó* é a personagem-título que

A DRAMATURGIA E A ENCENAÇÃO NO ESPAÇO NÃO CONVENCIONAL **83**

vivencia a maioria das ações; João ora observa, ora age em *Apocalipse 1,11;* o mesmo ocorre com Jesus em *Evangelho para lei-gos*.

No entanto, as narrativas, ainda que estejam costuradas por essas personagens, parecem não ter sido desenvolvidas para garantir mudanças qualitativas na história. Caso exemplar ocorre em *Apocalipse 1,11*. João modifica suas atitudes e pensamentos, não pelas ações que pratica, mas sim em função daquelas praticadas pelas personagens que observa. Se há uma curva de ascensão, ela é gerada pelas situações que dizem respeito ao tema, não às ações propriamente ditas: no prólogo, há a apresentação do tema; no primeiro ato, ocorre a consumação das aberrações; no segundo ato, o julgamento das aberrações; e, no epílogo, o desenlace do tema.

O desenlace, outro elemento comum em estruturas filiadas à dramaturgia clássica, também é utilizado de forma diferenciada nesses textos, pois o final é aberto. Se há um fechamento para a narrativa mostrada, ele não acontece pelas mãos do autor ou do encenador, ou seja, o desenho fabular pede uma sequência após a conclusão do espetáculo.

Diante disso, quais seriam então as possíveis leituras para um Anjo Caído que aceita a sua queda e perde as asas? Jó, ao morrer, encontraria respostas para as suas dúvidas em relação ao Pai? João, que vive toda a ação em um presídio e presencia uma série de agruras apocalípticas, termina o espetáculo na rua, do lado de fora do presídio. Teria ele um destino melhor ou o apocalipse vivenciado dentro do prédio encontra-se na realidade das vias públicas paulistanas? A mancha de sangue derramada sobre o piso do banheiro continuará intacta, tal qual o descaso da sociedade perante aqueles que vivem precariamente?

Essas perguntas podem ser respondidas ou não conforme a apreensão de cada espectador. São vazios pertencentes à narrativa que precisa e depende de uma articulação de pensamento do público em relação ao assunto. Mas, independente das conexões ou disjunções da estrutura narrativa, os estudiosos citados compartilham da mesma opinião: o poeta, ao escolher determinadas ações, está sempre expondo pontos de vista sobre o assunto tratado.

Palhetas estilísticas

As dramaturgias dos dois grupos paulistanos apresentam acentuado hibridismo em relação aos traços estilísticos. Por terem sido criadas sob a interferência da cena, da arquitetura e da historicidade do espaço da encenação, concentram uma acentuada interposição de elementos da cena em suas escritas. Embora a matriz seja o drama, seus autores optaram por uma polifonia de recursos estruturais.[3]

O autor de *O paraíso perdido* parte de uma situação que revela um ser isolado do mundo; logo, as falas do Anjo Caído parecem não necessitar de um receptor. Desse modo, uma voz central exprime o seu próprio estado d'alma, ou seja, o mundo objetivo é relegado da consciência da personagem, independentemente das intensas emoções que exprime. Além da personagem central, as demais também falam por meio de monólogos. Em todo o texto há diálogos apenas nos raros momentos em que o Anjo Caído se relaciona com a Criança Vendada. Até mesmo as cenas que se justapõem ao momento presente, isto é, em relação ao Anjo Caído, surgem em forma de monólogos. Se há uma relação, ela não aparece pelo diálogo.

Nas quatro peças investigadas há, além da fragmentação fabular, um desdobramento das personagens em sujeito (narrador) e objeto (mundo narrado) que permitem ao autor recuar ou avançar a história conforme a sua vontade. A partir dessas duas características (a descontinuidade temporal e os diferentes modos de emissão do discurso) investigaremos outros elementos que compuseram essas dramaturgias.

A manipulação de tempos

Dos três textos encenados pelo Vertigem, *O livro de Jó* é aquele que concentra o maior número de expedientes epicizantes. Talvez a

---

3 Hans-Thies Lehmann menciona alguns recursos poéticos que estão diretamente ligados ao pós-dramático e à palheta estilística, entre eles a simultaneidade, o jogo com a essência dos signos, a dramaturgia visual e a irrupção do real.

sua melhor definição enquanto subgênero seja aquela designada por Ana Maria Rebouças: "Moldura épica e desenho trágico" (2001, p.23). Uma das características épicas do texto se dá pela separação de tempos narrativos. O tempo presente está alicerçado na ação das personagens Mestre e Contramestre, as quais se configuram como os contadores da história. Aliás, essa fissura em relação ao objeto narrado é explicitada logo na primeira cena em que Mestre recebe o público:

> MESTRE A vocês peço somente tragam
> O coração e mente
> Muito bem enlaçados,
> Porquanto um deles entende, o outro sente,
> A mente avalia, o coração pressente,
> E, se vossa razão aperfeiçoa,
> O coração com certeza, perdoa
> A pobreza de nossa narração.
> [...]
> É neste deserto que narraremos o drama
> De um tempo ido
> E de homens tão parecidos
> Com homens de agora.
> (Abreu, 2002, p.119-20)

Além de emitirem um discurso direto para o público, os narradores são conhecedores do futuro das demais personagens. Nessa cisão de planos entre narradores e narrados, os primeiros são detentores de um horizonte mais claro, sabem de todos os pensamentos e emoções como se fossem deuses oniscientes, logo estão afastados do mundo narrado. Outro aspecto, também ligada a diferentes tempos e modos de emissão do discurso verbal, está relacionado às personagens que narram e vivenciam as suas ações ao mesmo tempo:

> MATRIARCA A mulher de Jó, porém, amaldiçoou
> O reto/o torto desígnio de Deus,
> Que ainda não era morto.
>
> *(Chora sobre os filhos. É conduzida quase desfalecida pelo coro para a frente de Jó.)*

MATRIARCA E aconteceu que a mulher de Jó
E mãe de seus filhos,
Que agora estavam mortos,
Enlouqueceu de dor e gritou:
"Deus, devolve meus filhos"
Jó Bendito seja o nome de Deus!
MATRIARCA Maldito!
Jó Não blasfemes!
MATRIARCA "Assim terá de beber minha fúria!
Não sou filha de sua espúria resignação!"
Assim falou a mulher de Jó,
E o eco maior do seu grito
Sacudiu a terra,
E os homens aflitos choraram.
(idem, p.123-4)

A mulher de Jó, além de vivenciar, distancia-se simultaneamente do momento narrado ao comentar as suas próprias ações. Porém, ao contrário de Mestre e Contramestre – os narradores oniscientes –, tanto Matriarca quanto as demais personagens, desconhecem os seus destinos.

Diferentemente dessas personagens, Eliú é a única que não narra suas próprias ações, talvez porque essa figura aluda que de sua boca sopra a voz de Deus. E por tratar-se de representação da onipotência divina, talvez o Criador não tenha necessidade de narrar os seus atos como as demais criaturas.

Contudo, ao explorar a narrativa em vários níveis nas demais personagens, o autor não esconde nem abre brechas para que o espectador se engane de que se trata de teatro. Para tanto, ele insere nos diálogos comentários que promovem uma ruptura com o mundo subjetivo das personagens e, nesse sentido, é a sua voz autoral que afirma o tempo inteiro que se trata de uma representação de fatos.

A divisão de planos e ações temporais ocorre também em *O paraíso perdido* e em *Evangelho para lei-gos*, porém, os autores desses dois últimos textos desenham estruturas narrativas diferentes daquela de *O livro de Jó*.

Figura 28 – Matriarca, a mulher de Jó (Mariana Lima). Foto: Lenise Pinheiro

Figura 29 – Fátima (Roberta Ninin) e Elza, a Vizinha da Esquerda (Solange Moreno). Foto: Eduardo Raimondi

A DRAMATURGIA E A ENCENAÇÃO NO ESPAÇO NÃO CONVENCIONAL 89

No primeiro espetáculo do Vertigem, a narrativa é comandada pela personagem central, o Anjo Caído. Estruturalmente, é ele quem conduz a história, narrando-a conforme a sua visão. Como se trata de dramaturgia com posições interpostas, isto é, existe um momento presente (em que ocorre a purgação, a punição ou absolvição do Anjo que caiu da potestade divina) e vários passados que se entrelaçam com o momento presente, há, nessa estrutura dramatúrgica, um direcionamento natural aos pressupostos dramáticos. Mas essas situações, embora com começo, meio e fim, diluem-se em função da interferência narrativa colocada em primeiro plano.

Os diferentes planos narrativos também são explorados em *Evangelho para lei-gos*. Diferenciam-se essencialmente de *O paraíso perdido* por não terem em sua estrutura um narrador afastado das demais ações o tempo inteiro. No texto encenado pelo Vertigem, a alternância de planos ocorre principalmente porque as falas do Anjo Caído apresentam sempre uma cisão entre o presente e o passado. Já em *Evangelho para lei-gos*, a diferença de planos decorre da estrutura montada pelo dramaturgo: Jesus procura, por meio de *encaixes*[4] feitos pelo dramaturgo, entender o caminho da sua morte. Porém, há momentos em que vemos a personagem deslocada da situação:

(Vizinha da Esquerda tem a cabeça da filha entre as pernas. O desenho que Fátima fez boia no seu xixi. À frente do desenho, um colar com um pingente que também boia.)

---

4 À luz do conhecimento, Sarrazac (2002, p.48), ao analisar a estrutura fabular de *La grande enquête de François-Félix Kulpa*, de Xavier Pommeret, vê no *encaixe* uma das características do *metadrama*. Na peça de Pommeret, temos um militante comunista que é acusado injustamente de cometer um crime, porém, para se protegerem da difamação, seus colegas decidem excluí-lo da organização. "O drama que conduz Salveur à guilhotina é encaixado, por Pommeret, na estrutura de uma fotonovela. Dramaturgia de encaixe: o conflito, o drama parecem, em Pommeret, uma experiência *in vitro*: surgem como uma forma primária encaixada num dispositivo – o metadrama – de investigação histórica e mitológica".

90 EVILL REBOUÇAS

Vizinha da Esquerda Lambe! Lambe a sujeira que você fez! Já não disse que quando quiser mijar tem que vim na privada? Passo o dia inteiro com a bunda no vaso, colando miçanga pra pagar o aluguel e na hora de mijar, você ainda mija fora do vaso?
(A Vizinha da Esquerda passa um pano no chão. Começa a colar pedras no pingente.)
Jesus 1 Eu bati um dia na porta da casa dela. Cada pedrinha colada vale um centavo. No pingente vai vinte pedrinhas. Ela me disse que fazendo um milheiro, da dez reais. No mês ela consegue fazer três mil colares, mas a ponta dos dedos fica machucada.
Vizinha da Esquerda *(Batendo)* Você pensa que eu não me machuco? Não gosto de fazer isso... Mas fazer o que? Sou obrigada... A mão dói, a ponta dos dedo dói... Não gosto de bater em você, filha.

Nessa ação há uma fissura narrativa que provoca um distanciamento, isto é, Jesus apresenta dados estatísticos de uma situação vivenciada por ele, paralelamente a um acontecimento deslocado do seu tempo narrativo. Surge, a partir do arranjo dramatúrgico que interpõe diálogos e situações isoladas, uma ligação entre os tempos, não provocada pelas personagens e sim pela maneira como o autor construiu.

O diálogo-inventário

No exemplo de narrativa citado, além do deslocamento entre sujeito e objeto, temos na fala da personagem central de *Evangelho para lei-gos* um discurso que se aproxima a um *inventário* e que, segundo Sarrazac, é outro expediente largamente utilizado no teatro pós-dramático: "O inventário é uma antiexposição. Pode ser retomado a cada instante [...] Não se limita a anunciar o espetáculo, mantém-no num estado de permanente reexposição, controla cada um dos seus movimentos de avanço, cada um dos seus movimentos de suspensão" (2002, p.63). No espetáculo da Artehúmus o diálogo-inventário aparece como mecanismo de suspensão e controle de movimentos das ações:

JESUS POLICIAL Os carros hoje estão, na média, entre cinco e vinte paus. Se a gente pensar que há uma maioria que tão na faixa dos doze ou quinze mil, da pra chegar na média de uns treze mil por carro...

JESUS A. SOCIAL O meu, vale no máximo, três. Embora eu tenha curso superior e trabalhe de assistente social, meu carro é uma Belina 81.

(Sanfoneira ilumina a cabine de José. Aparece, pelo buraco da porta, uma parte das costas dele. Maria faz um curativo. A pele de José está suja, manchada de sangue.)

JESUS POLICIAL É que esses que tão na faixa do seu, na maioria tão tudo ilegal, não tem documentação, a pintura não é mais uniforme... cheio de mancha, reboque de funilaria, sabe? Sem contar que a ferrugem já comeu boa parte da lataria. E o motor – que é o estômago do carro – já foi pras picas...

JESUS A. SOCIAL Tem gente que põe casca de banana junto com o óleo pro motor não arriar de uma vez.

(José descasca uma banana. Come. Ao final, tenta comer a casca também.)

Os DOIS E a que conclusão você chegou?

JESUS 1 Que, na média, os carros tão valendo dez mil. E se num minuto passar dez carros, cem mil passou na minha frente... e eu ali, com a cabeça entre as pernas.

Nesse exemplo e naqueles anteriores, surge uma estranheza entre as ações e os diálogos, fato gerado, basicamente, pela disparidade entre a situação e os discursos estatísticos. Em decorrência de os diálogos estarem deslocados da ação e apresentarem características de um inventário, duas possibilidades são destacadas: o movimento fabular estanca e o autor oferece ao espectador uma leitura plural da situação.

No entanto, se em *Evangelho para lei-gos* alguns modos poéticos de emissão encaixam-se nessa espécie de inventário, o texto como um todo, é construído a partir de ações e acontecimentos que se apresentam por si sós, ou seja, há uma predominância de situações vivenciadas pelas próprias personagens. Dessa forma, desaparece a oposição entre sujeito e objeto, isto é, tudo se encontra fundido e o sujeito abarca o mundo; aspecto que caracteriza a objetividade e a extrema intensidade do dramático.

A repetição

Dentre as características presentes numa estrutura pós-dramática, Sarrazac observa que a repetição é outro elemento que impede o avanço fabular. Em *Apocalipse 1,11*, esse dado aparece por meio da personagem Noiva:

> *(João abre a porta. Tem diante de si a Noiva. Aqui ela se apresenta numa mistura de virgem/noiva e arrumadeira de hotel. Traz nas mãos mudas de roupa de cama e seu fatídico buquê de flor de laranjeira. Ela passa a arrumar o quarto.)*
> Noiva Eu dou de comer a quem tem fome... Eu dou de beber a quem tem sede... Eu conforto os aflitos...
> João A senhora... A senhorita... já ouviu falar... *(Aproxima-se com mapas e Bíblias nas mãos.)* Eu to procurando... Nova Jerusalém.
> *(A Noiva reage parando a arrumação. Ela aproxima-se de João.)*
> João Você sabe onde é Nova Jerusalém?
> *(A Noiva pega João pela mão e leva-o até diante da imagem de Cristo, numa simulação de casamento.)*
> Noiva Eu dou de comer a quem tem fome... Eu dou de beber a quem tem sede... Eu conforto os aflitos... (Bonassi, 2002, p.193-4)

Tanto na cena inicial, como nos momentos em que a Noiva é currada dentro da boate e, torturada na sala de julgamentos, essa personagem emite o mesmo discurso. O que ocasionalmente se modifica são apenas as situações a que ela é submetida e a forma como a personagem irá reagir diante delas. Assim, quando ela é estuprada por jogadores na Boite New Jerusalém, seu discurso permanece. Somente na cena final ela acresce algo diferente:

> *(O Juiz apanha o rato e segue até a noiva.)*
> Noiva Nãoooo! Eu falo! Eu falo!!! Eu dou de comer a quem tem fome... porque o meu corpo é uma árvore... uma árvore cheia de frutos, e, se os frutos não são consumidos, eles apodrecem comigo... Eu dou de beber a quem tem sede... porque eu tenho um rio dentro de mim e esse rio precisa desaguar pra algum lugar que não me afogue... Eu conforto os aflitos... porque confortando o coração dos outros é que eu alivio o meu... Eu nunca fui de ninguém... nem minha... (idem, p.245)

A DRAMATURGIA E A ENCENAÇÃO NO ESPAÇO NÃO CONVENCIONAL 93

Figura 30 – Noiva (Miriam Rinaldi) e João (Vanderlei Bernardino). Foto: Claudia Calabi

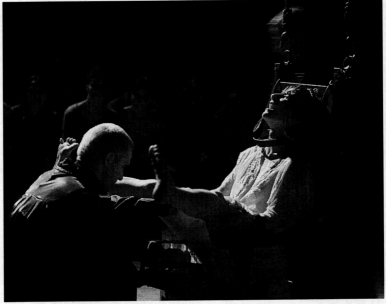

Figura 31 – Juiz (Sergio Siviero) e Noiva (Miriam Rinaldi). Foto: Otavio Valle

Fernando Bonassi, utilizando-se do mesmo efeito de repetição de diálogo constrói a trajetória de Talidomida do Brasil. No segundo ato ela aparece sobre uma cadeira de rodas e, gaguejante, tenta verbalizar os fundamentos da República Federativa do Brasil. Quando é levada à sala de julgamentos, o seu discurso é igual, permeado apenas por ações praticadas pelo Juiz e pelo Anjo Poderoso:

> *(O Anjo Poderoso vai buscar Talidomida do Brasil. Ela é posta sob a forte luz.)*
> TALIDOMIDA *(Destrambelhada, gaguejante.)* A República Federativa do Brasil tem como fundamentos...
> *(O Juiz dá uma caixa para o Anjo Poderoso. Este distribui o conteúdo da caixa entre os presentes. São ovos.)*
> TALIDOMIDA *(Destrambelhada, gaguejante.)* ... a soberania; a cidadania; a dignidade da pessoa humana...
> *(O Juiz atira um ovo em Talidomida do Brasil. Em seguida, os presentes fazem o mesmo.)*

A DRAMATURGIA E A ENCENAÇÃO NO ESPAÇO NÃO CONVENCIONAL 95

Figura 32 – Talidomida do Brasil (Luciana Schwinden), Babilônia (Mariana Lima) e Besta (Roberto Audio). Foto: Luciana Facchini

TALIDOMIDA *(Destrambelhada, gaguejante.)* Constituem objetivos fundamentais da República Federativa do Brasil...
(A guerra de ovos contra Talidomida do Brasil cresce em violência.)
TALIDOMIDA *(Destrambelhada, gaguejante.)*... construir uma sociedade livre, justa e solidária; promover o bem de todos...
(A guerra de ovos impede Talidomida do Brasil de falar. Ela é retirada pelo Anjo Poderoso.) (idem, 236.)

A principal cena de Evangelho para lei-gos, ou seja, aquela que dá sustentação e suspensão à fábula, é repetida em três momentos da peça. Nela, vemos em ação continuada, porém entrecortada, Maria tentar abortar um filho. Mas, se em *Apocalipse 1,11* a repetição ocorre por meio da fala, em *Evangelho para lei-gos* é utilizada, essencialmente, a rubrica como elemento narrativo:

Cena 5
(Ouvimos gemidos vindos da cabine da Mãe. Segundos depois, a luz

revela acima da porta as mãos de uma mulher segurando-se como pode. Ela tem no gemido as dores de quem pratica um aborto. A dor de Maria é entrecortada por pancadas do seu corpo contra a porta. Luz apaga.)

Cena 6

(Simultaneamente aos gritos da Mãe, ouve-se, vindo da cabine ao lado, um homem que também geme. No seu gemido, carrega a dificuldade de defecar. A luz revela apenas uma calça arriada sobre os seus pés entre o vão da porta e o chão.)

Cena 7

(Na escuridão ouvimos o gemido de alguém que está sonhando. A luz revela que é Jesus 1. Dorme sobre o estrado acima das cabines, sentindo as dores daquele aborto que ora acontece.)

Cena 8

(Voltam os gemidos da cabine da Mãe. A luz agora revela, entre o vão da porta e o chão, os pés da mulher. Um grito invade o ambiente. Segundos depois, escorre um fio de sangue pela sua perna.)

MARIA Merda de vida.

(José dá descarga.)

JOSÉ Merda de vida.

(Outra luz revela Jesus 1, acordando.)

JESUS Merda de vida.

JOSÉ Acorda, Jesus! Vai trabalhar, porra!

(Jesus 1, à medida que começa a lembrar-se do sonho, acomoda-se em posição fetal. Lembra-se da imagem que sonhou. Num rompante, olha para o chão – o local onde ele havia estado. Não vê ninguém. A luz revela seu corpo nu e molhado pelo suor ou pela placenta.)

As repetições citadas nesses exemplos apresentam uma série de resultados em relação às suas utilizações. Sarrazac, ao identificar uma das possibilidades desse expediente, acredita que a repetição de uma situação pode gerar a ausência de uma colisão dramática (2002, p.46). No entanto, nos textos investigados, se por um lado esse recurso surge como um elemento que retarda o andamento das ações, por outro, traz uma progressão de intensidade dos acontecimentos. Dada a sua característica de fragmento, obtém-se uma maior abertura de leituras e, ainda que nas entrelinhas, uma possibilidade de sentido em relação à fábula.

Figura 33 – Maria (Gilda Vandenbrande). Foto: Eduardo Raimondi

A flexibilidade dos diálogos

Um diálogo pode alcançar diversas intenções e sentidos conforme o intérprete o materializa. Todavia, a partir de um texto fixo tem-se a certeza de uma reprodução muito próxima daquilo que foi escrito pelo autor. Esse modo de emissão do diálogo é presente em quase todas as representações, principalmente nas encenações que dependem do diálogo como formador de sentido da ação. Já a fragmentação dramatúrgica, em alguns casos, possibilita uma série de variações com relação ao texto que será emitido. Em duas peças analisadas ocorre essa flexibilidade textual.

Ao definir o texto de *Apocalipse 1,11*, Bonassi propicia ao ator e ao encenador duas possibilidades de texto. Entre a cena final de condenação da Noiva e o início do julgamento de Babilônia, o dramaturgo indica:

Novas propostas de texto para o Juiz – Opção 1.
Juiz Não imagino nada tão ruim. Nem imagino nada tão bom. Seria capaz de dar um segundo de alegria por dez anos de desprezo. Escolheria não escolher. Tanto faz. Tanto faz mesmo. Eu estou cagando e andando e pisando por cima. Os cachorros que se cuidem...

Novas propostas de texto para o Juiz – Opção 2.
Juiz Depois de algum tempo, se você sobrevive às coisas e a si mesmo, adquire uma serenidade própria da idade adulta. Você se conhece. Agora que eu me conheço, por exemplo, estou livre de mim pra cometer as piores atrocidades. Hoje sou um homem honrado. Tudo o que dizem não passa de ignorância. Só que eu entendo... o conhecimento verdadeiro é um processo intenso e doloroso, só mesmo uns poucos canalhas podem suportá-lo. *(Pausa.)* Alguém tem de fazer o serviço. *(O juiz bate três vezes com o chinelo na mesa.)*
(2002, p.251)

Nos dois casos, os conteúdos dos discursos são bem próximos, porém diferem pela maneira como o Juiz encara a possibilidade de exterminar uma vida: na primeira opção, o conteúdo é dúbio; na segunda opção, o autor cria um diálogo mais objetivo, pois o Juiz assume, inclusive, a possibilidade de cometer as piores atrocidades.

Em *Evangelho para lei-gos* a maleabilidade de discurso se dá na cena em que a Vizinha da Direita incita a Vizinha da Esquerda a prostituir Fátima. Indignada com o que ouve, a mãe de Fátima abandona o boxe e encosta-se em uma das vitrines. Com muita dificuldade começa a ler etiquetas que comumente encontramos em orelhões públicos com anúncios de prostituição. Como extensão da pesquisa de campo, Solange Moreno tem a incumbência de arrancar dos orelhões do centro de São Paulo essas etiquetas para, a cada noite, citar um anúncio novo.

Levando-se em consideração essas duas experiências, pode-se dizer que a flexibilidade alcançada nessas cenas é decorrente da estrutura dos textos, isto é, são momentos que podem ser lidos como cenas isoladas, ainda que permeiem o assunto central dos textos.

Figura 34 – Cena das Etiquetas de prostituição. Foto: Eduardo Raimondi

Traços estilísticos além do épico

Ao retomarmos as características literárias que compõem parte das obras investigadas – a manipulação de tempos, o diálogo-inventário, a repetição, a flexibilidade dos diálogos – percebemos que boa parte delas remete aos expedientes épicos. São características que, grosso modo, não encontramos em literatura dramática produzida por autores que se fundamentam na rigidez dos gêneros e na lógica interna da obra.

Além desses traços, temos, com variações, a inserção de Coro, de diálogos em *off*, de músicas tocadas ao vivo e de rubricas que indicam a utilização do expediente processional. No entanto, os temas abordados nos quatro textos não se encaixam em uma das recomendações brechtianas, ou seja, seus autores não abordam temas ou situações políticas.

Hans-Thyes Lehmann, em diálogo direto com o pós-dramático, defende o aprofundamento dos fenômenos estéticos sem esquecer o sentido político da arte e vai além da possibilidade de levar para a cena apenas temas relacionados à política. Segundo o autor, o desafio maior é ultrapassar a barreira temática e encontrar na construção da escritura textual ou cênica um discurso político por meio da forma: "Portanto, a questão do teatro ser político para mim não é simplesmente tratar de temas e tratar de um conteúdo político, mas é ter essa forma política. Você pode ter teatros que não são nada políticos e tratem de temas políticos. É a forma que vai definir" (2003, p.9).

Nesse comentário fica claro que o ato político está relacionado ao modo como a equipe de criação do espetáculo conta a sua história; isto é, à forma como ela conduz, por meio de uma estrutura, as várias maneiras de percepção do assunto discutido. Assim, a tarefa posta ao artista de hoje é lançar um olhar questionador ao espectador. Para tanto, ele constrói discursos formais que não apenas aqueles fundamentados por temas ou diálogos de cunho político.

Nas dramaturgias dois grupos paulistanos, os propositores não alicerçam seus temas em questões propriamente políticas. São peças que, de modo geral, tratam de questões relacionadas às crenças; porém, seus criadores intercalam histórias e personagens bíblicas com assuntos contemporâneos. Dessa junção entre sagrado e profano, lançam questionamentos políticos e sociais sem, necessariamente criarem personagens ou situações retiradas unicamente da realidade social e política do País. Mas, além desses dados, tomam como parte estrutural das narrativas um espaço real, carregado de carga histórica – elemento que, incontestavelmente, tenciona e altera os discursos cênicos.

As rubricas ou didascálias

A ideia de uma indicação cênica que está sobreposta às falas de uma peça teatral nasce na Grécia. Embora as indicações apareçam com certa escassez nos textos desse período – em sua maioria, apenas para indicar entradas e saídas das personagens –, sabemos que os tragediógrafos adotam comumente a prática de explicar aos seus atores alguns procedimentos cênicos. Quem assume essa tarefa é o *didaskalos*, palavra originada de *disdaskalia* que, em grego antigo, é um substantivo feminino que pode significar *instrução* e que na língua portuguesa tem por sinônimo rubrica. Ainda que tenha uma função

A DRAMATURGIA E A ENCENAÇÃO NO ESPAÇO NÃO CONVENCIONAL 101

"clandestina" de enunciar indicações cênicas nesse período grego, em momentos posteriores a rubrica torna-se um elemento indispensável, conforme o comentário de Luiz Fernando Ramos:

> Na Idade Média há uma tendência de afirmação das rubricas, ligada não só à hegemonia da Igreja que prescreve os costumes e os ritos, mas também pelo verticalismo das relações, muito mais idealizadas do que as do período renascentista, que passou a espelhar as relações horizontais de todo o dia entre seres humanos mortais. (1999, p.164)

Nesse comentário, notemos que vertentes ideológicas determinam tendências literárias, como, por exemplo, a necessidade de descrever certas ações que estão ligadas aos rituais existentes daquela época. Alguns permanecem até hoje, como no caso das indicações em vermelho e entre parênteses nos folhetos das missas.

Outro fator que intensifica a utilização da rubrica advém da popularização da dramaturgia como leitura de massa na Europa e na América, além do espaço artístico conquistado pelo diretor de teatro, a partir do século XIX.

Com o crescente desenvolvimento cênico dos espetáculos, o dramaturgo passa a materializar suas indicações cênicas no ato da escrita. Esse processo de inserção da rubrica no ato da escrita é batizado pelos críticos literários de "encenação virtual": aquela que se encontra no campo da imaginação do autor e que pode ou não ser seguida pelo encenador, mas que viabiliza um primeiro esboço imaginário do espetáculo. No entanto, quando a escrita dramatúrgica se dá concomitantemente à encenação do espetáculo, as indicações saem do campo conceitual e podem tornar-se ações tão importantes quanto o diálogo.

Anne Ubersfeld, ao analisar a interferência das rubricas no texto dramático, sintetiza a sua importância de modo exemplar:

> A relação textual diálogo-didascálias é variável de acordo com as épocas da história do teatro. Às vezes inexistentes ou quase (mas plenas de significação quando existem), as didascálias podem ocupar um espaço enorme no teatro contemporâneo. Em Adamov e Genet, em que o texto didascálico é de uma importância, de uma beleza, de uma significação

102 EVILL REBOUÇAS

extremas; em *Ato sem palavras* de Beckett, o texto é composto unicamente de uma imensa didascália. (2005, p.6)

Temos, na explanação de Ubersfeld, exemplos de interferências literárias que provocam sensíveis alterações no texto. Em especial, naqueles em que os autores se filiam às tendências do teatro contemporâneo. Intervenções que inserem a voz do autor não apenas no discurso das personagens, mas também por meio da rubrica que, conforme as suas funções, agregam valores importantes à escrita dramática. Nesse sentido, a cena pode ser composta por ritmos, por sons ou silêncios e ainda pela inclusão de citações referentes à cartografia da cena.

Para analisar os quatro textos que foram encenados em espaços não convencionais, destacamos principalmente as rubricas que contêm fatores de ordem estética, isto é, que revelam, pela forma como o autor as inseriu no texto, traços estilísticos das obras e, ainda, de indicações que comprovem interferências da arquitetura e da carga histórica do espaço da encenação.

Traços estilísticos (sem voz) no interior do texto

Neste tópico destacamos as indicações ligadas aos traços estilísticos de cada obra; comentários que embora complementem a ideia do autor sobre a peça, podem ou não estar materializados nas encenações.

Uma dessas ocorrências surge por meio dos títulos que os autores dão aos fragmentos ou microenredos dos textos, procedimento literário – geralmente utilizado em estruturas épicas – que aparece em dois textos do Vertigem.

O livro de Jó é composto por seis cenas: "Exortação inicial", "A intervenção do primeiro amigo", "Deus é o caos", "O último abalo na fé", "A absurda fé de um homem só" e "Deus vomita os mornos". São situações que, embora apresentadas como quadros isolados, revelam certa ordem e organização de acontecimentos. O mesmo ocorre em *Apocalipse 1,11*. Miriam Rinaldi menciona uma estrutura específica: apresentação das personagens, acusação, tentativa de defesa e

A DRAMATURGIA E A ENCENAÇÃO NO ESPAÇO NÃO CONVENCIONAL **103**

penalidade (2005, p.121). Em sua formatação final, a peça é separada estruturalmente em movimentos que compreendem um prólogo, o primeiro e o segundo atos, além de um epílogo.

Há na estrutura desses dois textos a utilização de elementos vinculados a uma ação continuada e cronológica, principalmente se não perdermos de vista que as personagens principais perpassam toda a obra. Todavia existem elementos contrários que se justapõem a essa estrutura. A ideia de drama harmônico, dotado de composição uniforme e linear, cede espaço para cenas independentes. Em *Apocalipse 1,11*, o dramaturgo enxerta ainda nomes às cenas que compõem as unidades estruturais.

Se há uma farta distribuição de nomes para as cenas, o mesmo já não ocorre em relação às personagens. Assim, em vez de nomes próprios, os autores optam por configurá-las de forma mais ampla.[5] *O paraíso perdido* mostra isso: Homem com Balão, Criança Vendada, Lacrimosa, Filho Castigado, Mulher do Confessionário, Mulher com Lanterna na Mão, Homem Atrás dos Tubos do Órgão, Mulher com Balão. Surge, dessa opção, uma não individualização da *persona* e, consequentemente, uma ampliação de seus caracteres.

Miriam Rinaldi, ao comparar a construção das personagens do primeiro espetáculo em relação ao segundo, observa:

> Em *O paraíso perdido*, espetáculo de 1992, não havia distinção nominal entre as personagens. Os atores representavam anjos, entidades, arquétipos sem nomes próprios. A partir de uma necessidade dos atores, a dramaturgia buscou personagens mais delineados e com trajetórias próprias em *O livro de Jó*. (1997, p.22)

---

5 Com a evolução do teatro, o conceito de *personagem* passa a ter outras nomenclaturas. Conforme as características empregadas pelos autores na construção dessas *personas* e, essencialmente, em função dos diferentes mecanismos utilizados pelos atores na materialização cênica desses seres que vivem ou narram suas ações, surgem outras denominações para personagem – como, por exemplo, a *figura*, ou ainda o conceito de *criatura monstruosa* apontado por Sarrazac. Porém, como são nomenclaturas subjacentes, optamos por utilizar o conceito na sua definição mais conhecida – ainda que tenhamos consciência de que nas obras analisadas há distinções que nos levariam a denominá-las de outra forma.

Figura 35 – Palhacinho 2 (Miriam Rinaldi) e Coelho (Kleber Vallim). Foto: Otavio Valle

Comentário oportuno, pois no segundo espetáculo, todas as personagens possuem identidades próprias. Até os narradores ganham definições precisas: Mestre e Contramestre. Em oposição a essa particularidade, temos apenas o Coro e os Padioleiros – denominações que alargam os caracteres e horizontes dessas personagens, embora prendam-se a funções.

Em *Evangelho para lei-gos* temos uma peculiaridade em relação às identificações. Se por um lado as personagens são definidas com nomes próprios, como no caso de Jesus, por outro mostram ramificações do primeiro nome, seguido de uma profissão: o policial, o assistente social. Assim, além de possuírem identidades próprias, trazem traços de uma categoria profissional.

Em função do profundo hibridismo na construção de *Apocalipse 1,11*, deparamos com uma série de personagens com e sem nomes próprios. Nessa última categoria temos Homem Machucado, Carteiro, Noiva, Anjos Rebeldes, Anjo Poderoso, Adoradores da Besta, Negro, Pastor Alemão, Palhacinhos, Juiz, Velho e Criança, entre outros.

Mas, além das personagens que são denominadas com nomes próprios ou não, existem em *Apocalipse 1,11* aquelas que têm características específicas: Besta, Babilônia, Talidomida do Brasil e Coelho. Pelas suas constituições e utilizando-nos dos apontamentos de Sarrazac, elas parecem filiar-se a um tipo de criatura excluída de domínio humano. Em vez de uma gênese que as personifique, elas apresentam caracteres

A DRAMATURGIA E A ENCENAÇÃO NO ESPAÇO NÃO CONVENCIONAL 105

de uma criatura fantasmática que parece expiar o seu resíduo humano e que, segundo Sarrazac, "antes de a fazer vacilar do nada, o dramaturgo conduz a sua criatura até o limiar da bestialidade, paradigma do não humano" (2002, p.101).

A voz do autor nas ações sem texto

O dramaturgo, ao criar e estabelecer uma forma narrativa, utiliza determinados elementos que possibilitam construir poéticas e posicionamentos sobre o assunto tratado. Nesse sentido, as rubricas que descrevem ações (além de intenções ou modos de emissão) podem representar fatores determinantes para a obra.

Em *O paraíso perdido,* os comentários do autor fornecem importantes fontes para a análise do texto. Neles existem indicações que convergem para o assunto central da peça. Exemplo dessa interferência pode ser observado quando o dramaturgo aponta, por meio de rubricas, que o Anjo Caído joga suas asas no chão no momento em que decide habitar o plano terreno, ou ainda quando o Coro da Elevação tenta vencer a gravidade, ao tentar escalar as paredes da igreja para subir aos céus.

Na primeira ação, se considerarmos que o dilema do Anjo Caído consiste em perder o poder de voar se ele permanecer no plano do pecado (o plano terreno), temos na ação de jogar as asas no chão uma clara negação do plano divino. No entanto, quando o Coro da Elevação tenta escalar as paredes da igreja para chegar aos céus, há uma explicitação da dependência do homem em relação aos dogmas religiosos. Da articulação entre esses dois movimentos, o dramaturgo imprime, por meio de indicações cênicas, um discurso dialético em relação ao tema central da peça, isto é, crer ou não crer.

Outras ações de *O paraíso perdido,* mencionadas nos comentários do autor, mostram pais ninando seus filhos que, depois de um tempo, caem de seus colos numa "sequência coreográfica a partir desse núcleo de movimento" (Carvalho, 2002, p.95). Utilizando o mesmo recurso para os movimentos coletivos coreografados, o dramaturgo indica ainda que um grupo de pessoas realiza uma sequência de castigos e de quedas ao chão. Novamente temos, a partir dessas intervenções

106 EVILL REBOUÇAS

descritas pelo autor, acontecimentos que podem indicar pontos de vista em relação ao assunto discutido.

No texto publicado de *O paraíso perdido*, os títulos e as ações das cenas encontram-se com a mesma diagramação das falas das demais personagens. Esclareçamos:

ANJO CAÍDO	*(Olha em direção ao balão.)* "E Iahweh Deus expulsou o homem do jardim do Éden. Ele o baniu e colocou diante do jardim, para guardar o caminho da árvore da vida, um querubim e a chama da espada fulgurante. Iahweh Deus disse: agora és maldito e expulso do solo fértil. Seremos fugitivos errantes sobre a terra" *(Entra homem carregando em seus braços uma mulher. O anjo ri e corre em direção a ele. O homem se senta ao lado de dois outros casais. O anjo os observa.)*
QUEDA DO COLO	*(Três pais sentados ninando seus filhos. Depois de um tempo, os filho caem do colo de seus pais.)* (idem, p.95)

Embora obedeçam a uma diagramação padrão – com parênteses e rubricas em itálico – pode-se observar que pela disposição de formatação, tais ações ganham *status* de personagens. E com um adendo: a nomenclatura das personagens carrega o significado e os objetivos das ações, como, por exemplo, Queda do Colo.[6]

---

6 À luz do assunto, Luiz Fernando Ramos afirma que "em *Wielopole, Wielopole*, como está apresentada na tradução inglesa, as rubricas apresentam uma característica peculiar. A começar de sua disposição na página impressa que sugere serem elas utilizadas em níveis distintos. Assim os nomes dos personagens que estão falando ou atuando aparecem numa coluna à esquerda. Numa outra coluna, no meio da página, estão em letras normandas os textos realmente falados pelas personagens em diálogos ou monólogos. Finalmente, numa terceira coluna à direita da página, estão o que se poderia chamar de rubricas principais. Elas se apresentam, mais do que como complementação às partes faladas, como elementos autônomos que descrevem não apenas a ação e os climas em torno das personagens, mas expõem também os comentários pessoais de Kantor sobre essas ações. São, no fundo, expressão literária da presença de Kantor como um vigia da cena, característica que marcou o seu estilo". (1999, p.172).

A DRAMATURGIA E A ENCENAÇÃO NO ESPAÇO NÃO CONVENCIONAL 107

Em *O livro de Jó*, a narrativa está basicamente alicerçada no diálogo; logo, a quantidade de rubricas não é tão significativa. As indicações que aparecem no texto referem-se basicamente a algumas ações essenciais para a encenação e a outras que se contrapõem ao diálogo das personagens. Contudo, as indicações cênicas do autor são indispensáveis ao contexto da peça:

> *(Matriarca emite um grito pavoroso, desesperado. Um de seus filhos começa lentamente a cair ao chão, apesar do esforço dela para sustentá-lo. O mesmo acontece com o segundo filho. Matriarca, desesperada, pede ajuda, beija os filhos e chora acompanhada do coro. Jó ergue-se com dificuldade e olha perplexo ao redor.)* (Abreu, 2002, p.123)

> *(Solta um longo gemido enquanto olha os filhos mortos em seu colo. Padioleiros colocam os filhos nas macas. Matriarca sem forças, com gestos lentos de sonâmbula, tenta em vão impedi-los.)* (idem, p.127)

Nessas duas rubricas – intercaladas por diálogos – o autor desenha uma mudança de qualidade da situação, pois mostra a progressão e o desfecho dos acontecimentos, além de desenhar diferentes atitudes em relação ao comportamento de Matriarca.

Na quarta cena – "O último abalo da fé" – Matriarca pede que Jó levante os olhos e veja uma chaga maior: "Os homens e o mundo" (idem, p.159). A partir dessa fala, o comentário do autor é que determina a imagem a ser olhada por Jó:

> *(O hospital se transforma num caos de loucos, doentes, pedintes. Os discursos e gestos dos amigos de Jó serão só figuras de retórica, ritos repetitivos de uma fé perdida. Coro inicia uma série de músicas pretensamente religiosas alegres e graves. Num canto, Baldad, com a Bíblia aberta, inicia a pregação para um diminuto público.)* (idem, ibid.)

As ações simultâneas que se processam nesse trecho da peça revelam, além de uma tensa atmosfera, discursos relacionados à visão de mundo do dramaturgo perante o assunto, pois os amigos de Jó, ante o caos, pregam a palavra de Deus mecanicamente; talvez uma forma de o autor mostrar a alienação que os credos provocam no homem.

108 EVILL REBOUÇAS

Se para as principais personagens de *O livro de Jó* a fala é elemento preponderante, o mesmo não ocorre em relação ao Coro. Apenas em um único momento ele se manifesta verbalmente, pois as demais interferências são materializadas por meio de indicações cênicas. Dois momentos são exemplares em relação à força dramática que ele representa dentro da peça:

> *(Coro inicia um lamento que aos poucos vai se transformando em música, enquanto Matriarca se aproxima dos filhos mortos e os arrebata das mãos dos padioleiros que se apressavam em transportá-los na maca. Jó curva-se sobre si mesmo lentamente, ora abraçando o ventre, ora cobrindo os ouvidos em desespero.)* (idem, p.124)

> *(Parte do Coro inicia também a cantar uma melodia diferente. Um tenta sobrepujar o outro. A disputa torna-se violenta, e os dois Coros se engalfinham. Os amigos de Jó continuam a pregar e abençoar. O chão se enche de mortos. Os mortos cantam um lamento triste e grave.)* (idem, p.160)

Esses comentários do autor, além de apresentarem uma progressão de ações, revelam uma série de indicações sonoras: cantos, gritos e gemidos; recursos que intensificam o clima de tormenta e dor que suscita a obra.

Abreu usa também rubricas que se contrapõem ao sentido de determinados diálogos. Elifaz, ao lavar as feridas de Jó, discursa sobre a piedade divina; porém, tenta conter a repulsa e, ao terminar a tarefa, fica durante muito tempo tentando limpar as mãos. Momento significativo ocorre quando Elifaz diz "Ânimo!" a Jó, mas, segundo a rubrica, o emissor está em prantos. Com essas indicações, Abreu desenha uma contradição do movimento sobre a ação interior e constrói momentos de intensa carga dramática. Outro comentário que modifica a condução narrativa da história, seja pelos atores ou pelo encenador, se dá quando Abreu menciona que as ações serão realizadas, não pelas personagens, mas pelos intérpretes: "Atores cantam 'à boca fechada' uma melodia melancólica" (idem, p.120). Essa citação aparece em um único momento, mas dela emerge uma cisão entre o que é vivenciado por personagens e por intérpretes.

Figura 36 – Cena Criança. Foto: Otavio Valle

Em *Apocalipse 1,11*, Bonassi utiliza as rubricas para efetivar discursos em relação as situações. Homem de cinema, em sua primeira experiência no teatro, ele acredita que essa predominância de indicações cênicas tenha acontecido em função da escrita em sala de ensaio e também porque "é um vício do cinema, rubricar todas as falas" (apud Rinaldi, 1997, p.19).

Grande parte dos acontecimentos da peça é estabelecido por indicações cênicas do autor. Em um primeiro momento, a personagem Criança tem um regador nas mãos e aproxima-se de um vaso onde há uma pequena árvore florida e com frutos. Ao terminar de regá-la, a Criança apanha uma caixa de fósforos, sorri para todos os presentes e põe fogo na planta. João acende um cigarro, fuma e, em seguida, vê o Senhor Morto embaixo de uma cama que, mesmo sendo descoberto, não emite uma única palavra. Já o Juiz, ao entrar na sala de julgamentos, traz um chinelo sobre uma quantidade enorme de livros e um deles está ensanguentado, amarrado e perfurado por pregos. Um longo silêncio estabelece-se quando o Juiz bate o chinelo na mesa e encara os presentes. Em seguida, ele tira do bolso um pedaço de pão, mastiga-o e engole-o com dificuldade e o Anjo Poderoso serve-lhe vinho.

O comentário do autor também materializa a ação de Babilônia arrastar-se no chão ou ainda quando os Anjos Rebeldes esfriam-na com

Figura 37 – Babilônia (Mariana Lima). Foto: Lenise Pinheiro

uma ducha de mangueira e, depois que ela declara estar contaminada pelo HIV, eles vestem luvas de borracha e colocarem-na numa camisa de força. Ao ter consciência das aberrações que Babilônia irá passar, o Juiz venda seus próprios olhos, lava as mãos, enquanto a Besta lava pornograficamente os pés de Babilônia e, em seguida, coloca a cabeça dela dentro de um saco de supermercado, matando-a como quem torce o pescoço de uma galinha.

Nas ações citadas, além de haver a concretização de situações essenciais à fábula, as indicações cênicas contribuem para a construção de discursos. Nesse sentido, as ações realizadas pela Criança possibilitam, dentre tantas leituras, a pureza concedida ao homem pelo Criador. E no fato de ela por fogo numa árvore frutífera pode haver uma indicação metafórica do fim da procriação ou extermínio do fruto proibido. Ver o Senhor Morto embaixo de uma cama e absolutamente mudo revela, entre outros aspectos, um diálogo relativo ao silêncio da fé do homem e talvez do próprio Criador em relação ao caos instalado.

A DRAMATURGIA E A ENCENAÇÃO NO ESPAÇO NÃO CONVENCIONAL **111**

Assim também se processam as possibilidades de entendimento das atitudes do Juiz no tribunal de sentenças. Se por um lado há uma alusão à Santa Ceia, por outro o chinelo que ele usa como "martelo de sentenças" denuncia o poder excessivo dos juízes de nosso tempo. E no momento em que ele lava suas mãos e venda seus olhos para o que irá acontecer a Babilônia, há uma alusão direta a Pilatos e aos descasos do poder contemporâneo diante dos cidadãos.

Outra contundente indicação e que verticaliza a visão de mundo do autor diz respeito ao momento em que Babilônia declara estar contaminada pelo HIV pois, nas ações dos Anjos Rebeldes – aplicando-lhe uma ducha de água e usando luvas – revela-se a discriminação e o medo deles em relação à doença.

Em todos os casos mencionados, os comentários dos autores não apontam apenas uma ação cênica. São desenhos e imagens criadas que, dentro do contexto temático, são de fundamental importância para expor um posicionamento em relação ao assunto discutido.

O espaço da encenação inserido no texto

De que forma a arquitetura e a carga histórica dos espaços das encenações utilizados pelo Vertigem e pela Artehúmus influenciam a escrita dos textos em questão? Por meio dos comentários dos autores nas dramaturgias investigadas, tentaremos dar um panorama dessas interferências.

O autor de *O livro de Jó* é econômico nos comentários que se justapõem aos diálogos. Em toda a extensão do texto, são pouquíssimas as referências sobre o espaço da encenação – a mais significativa encontra-se quando Abreu menciona que "a ação se passa num hospital contemporâneo, e Jó talvez seja um doente que a proximidade da morte faz perder a razão. Ou talvez não" (Abreu, 2002, p.119).

Fernando Bonassi, como Abreu, opta por não incluir comentários que se refiram ao Presídio do Hipódromo, porém uma das cenas de maior impacto na montagem está relaciona à arquitetura do local. Nela, o autor menciona que as personagens e o espectador são forçados a passar por um corredor em total escuridão.

Figura 38 – Cena da Invasão. Foto: Guilherme Bonfanti

Da *Trilogia Bíblica* encenada pelo Vertigem, Sérgio de Carvalho é o dramaturgo que mais considera as interferências arquitetônicas na finalização do texto:

> Anjo Caído *(Do púlpito.)* Estivemos no Éden, o jardim de Deus. Eu era o querubim com a espada na mão. O anjo ungido que andava de um lado para o outro, velando a porta. A porta! E se ela ainda estiver aberta?
> *(O anjo corre em direção à porta central e tenta em vão abri-la.)* (2002, p.100)

Dois aspectos arquitetônicos são considerados pelo autor: o púlpito e a porta de entrada da igreja. Aliás, a porta é um dos elementos arquitetônicos que interfere substancialmente na narrativa. Aprisionados em um ambiente sagrado, tanto o Anjo Caído como as outras personagens tentam abri-la várias vezes, a fim de entrar em contato com o plano dos homens – ou dos pecados. Significativa também é a indicação cênica que menciona o fechamento da porta no início do espetáculo e, ao final,

A DRAMATURGIA E A ENCENAÇÃO NO ESPAÇO NÃO CONVENCIONAL 113

quando o Anjo Caído perde finalmente as suas asas, ela se abre. Seria o templo sagrado um lugar que encarcera o homem em seus dogmas? A porta, ao abrir-se – sem a interferência humana – é obra do poder divino? Deixar o templo aberto significa o acolhimento dos templos àqueles que pecam?

A nave central, o altar, o púlpito – espaços significativamente valorizados em um templo católico – são largamente citados no texto. Nesses lugares específicos, em geral, são ditos monólogos ou desenvolvem-se ações que descartam ou suscitam questionamentos em relação à fé. O autor menciona também a utilização da mobília da igreja como elemento dramatúrgico. Assim, o confessionário é utilizado para abrigar uma mulher que tem as mãos sujas de sangue; os bancos que acolhem os fiéis são empurrados contra os espectadores; o som dos tubos do órgão auxilia o clima de tormenta dentro do ambiente sagrado. Mais do que utilizar a mobília ou determinados espaços para afirmar ou negar valores religiosos, o autor identifica as personagens com nomes que remetem ao espaço da encenação: Mulher no Confessionário e Homem Atrás dos Tubos do Órgão.

As indicações cênicas de *Evangelho para lei-gos* apontam fortes interferências da arquitetura do espaço da encenação na escrita do texto. Além do dado arquitetônico, o dramaturgo inclui parte da historicidade do local, decorrente da população que circula próximo ao banheiro público. No Viaduto do Chá, a cena inicial do espetáculo acontece nas escadarias que dão acesso ao banheiro público. A Sanfoneira – uma espécie de pedinte que abre as portas do espaço da encenação – conduz o público para o local onde se concentra a maior parte da representação. Essa interferência espacial é incorporada ao texto, como cena de abertura do espetáculo:

Cena 1
(Na entrada do banheiro, do lado de fora, se encontra uma Sanfoneira. Ela toca sofrivelmente uma música de três acordes. Ao seu lado, uma panela com moedas e trocados. Ela recolhe os ingressos e se oferece aos espectadores para cuidar dos carros. Ouve-se disparo de três tiros vindo de dentro do banheiro. Sanfoneira abre a porta que dá acesso ao banheiro público.)

Figura 39 – Sanfoneira (Cláudia Cascarelli) e José (Osvaldo Anzolin). Foto: Eduardo Raimondi

    Outro dado relevante em relação a esse espaço inicial da encenação está relacionado ao odor presente nas escadas. Mesmo sendo lavadas antes de o público chegar ao local, o cheiro de urina permanece. Temos, portanto, nessa geografia urbana, dois ambientes que evocam um banheiro: aquele das escadas e as cabines propriamente construídas abaixo do viaduto.

    Em função de o banheiro público encontrar-se interditado há anos pelas autoridades municipais, quando a equipe artística chega ao espaço da encenação, seu aspecto encontra-se muito próximo dos barracos do Abrigo Municipal Zachi Narki. Parte dessa arquitetura passa a incorporar o espaço da encenação, intensificada apenas com alguns elementos cenográficos inseridos por Osvaldo Anzolin. A cena seguinte descreve com precisão o local da encenação.

Cena 2

(*Abre-se a porta do banheiro público abandonado. Apenas silêncio e escuridão. Sanfoneira liga as lanternas que iluminam o espaço que antecede as cabines sanitárias: sofás, camas, poltronas e caixotes, todos de péssima qualidade. Há lixo espalhado no chão, porém este só é revelado pelo barulho daqueles que pisam em garrafas plásticas, latas, sacos plásticos etc. A luz das lanternas mostra, à frente desse lixão, cabines sanitárias com portas fechadas, porém, percebe-se que são ocupadas por pessoas.*
No teto, muitas roupas estendidas em varais improvisados. Algumas se encontram molhadas. O silêncio do lugar só é cortado pelo barulho de alguns pingos que caem em vasilhas.
Sobre as cabines, um estrado com um colchão, travesseiro e lençol. Pela desarrumação, percebe-se que a pessoa que ali dormia acabou de sair.
Sanfoneira se acomoda em um dos caixotes no meio do público. Nas laterais, paredes de vidro.)

Figura 40 – Jesus 1 (Bruno Feldman). Foto: Eduardo Raimondi

116 EVILL REBOUÇAS

Nesse comentário do autor, apenas três elementos não pertencem, originalmente, ao espaço da encenação: o varal, as acomodações destinadas ao público e o estrado sobre o teto do banheiro. Porém, as demais descrições procuram recuperar a atmosfera encontrada no local quando a equipe artística ali chega. Outros elementos do lugar foram considerados na dramaturgia, como as cabines sanitárias que ajustam-se às experiências realizadas em salas de ensaio, mas há uma série de outros elementos arquitetônicos ainda não explorados.

As vitrines laterais da galeria poderiam fornecer interessantes efeitos cênicos, porém inexistiam nas experimentações realizadas em salas de ensaio situações que coubessem ou dialogassem com os seus significados. A partir do reconhecimento dessa geografia, os atores passam a criar situações a fim de explorar essa arquitetura. Assim, quando os espectadores ultrapassam a porta de entrada, eles deparam com o rosto de Jesus 1, comprimido no vidro. Efeito dessa intervenção no espaço encontra-se inserido no texto.

> Cena 3
>
> *(Na vitrine direita se encontra Jesus 1. A sua respiração borra o vidro da vitrine. Jesus Policial e Jesus Assistente Social abrem as portas acopladas ao vidro da vitrine. Aproximam-se de Jesus 1 que, fugindo, se enclausura na cabine sanitária da Mãe. No chão, à frente da cabine da Mãe, uma mancha de sangue. Jesus Policial e Jesus Assistente Social se prostram a frente da porta. Jesus 1 aparece esticado no piso frio do banheiro, debaixo do vão da porta. Os pés de Jesus Policial e Jesus Assistente Social servem de apoio ao rosto de Jesus 1. A Sanfoneira toca notas dissonantes da música tema.)*
>
> Jesus Policial O chão tá frio.
>
> Jesus A. Social É. Piso frio é muito frio.
>
> Jesus Policial Tô sentindo o gelo do cimento, do esmalte do piso se infiltrando na sola do pé e subindo até a cabeça.
>
> *(Sanfoneira para de tocar notas e começa apenas a emitir o ar que se acumula dentro do instrumento: respiração.)*
>
> Jesus 1 *(Abrindo os olhos)* O frio que eu tô sentindo não é do piso e nem do esmalte... É estranho... O corpo tá frio, mas não é do chão e nem do esmalte... Como se o sangue tivesse secado, sabe?
>
> *(Sanfoneira para. Silêncio. Jesus Policial e Jesus Assistente Social, em pânico, retiram os pés do rosto de Jesus 1, que chega ao chão. Black-out.)*

A DRAMATURGIA E A ENCENAÇÃO NO ESPAÇO NÃO CONVENCIONAL 117

Figura 41 – Jesus 1 (Bruno Feldman). Foto: Eduardo Raimondi

Os diálogos inseridos nessas ações também surgem por meio de interferências do próprio espaço. O frio intenso do local, provocado pelas goteiras e pela água que escorria das frestas da galeria e espalhava sobre o piso, é incorporado ao texto como alusão à temperatura do corpo de Jesus 1, no momento em que ele morre. Ainda das goteiras, aproveitamos o barulho da água ao cair em vasilhames, pontuando os vários momentos de silêncio do espetáculo.

Ao trabalharmos com a interferência do espaço na encenação, consideramos também as intervenções da população local. Um dos momentos que melhor define a incorporação desses elementos ocorre quando uma transeunte fala de um orelhão público em frente à entrada da galeria e, aos prantos, pede para que Cláudia Cascarelli, a Sanfoneira, toque para o pai dela que está hospitalizado. O motivo do pedido é simples: o pai, ao ouvir de longe a melodia, fala que gostaria de escutá-la um pouco mais de perto. O público vê a transeunte, numa pose desajeitada, inclinar o bocal do telefone até a sanfona.

118 EVILL REBOUÇAS

Durante a temporada no banheiro público, os meios de comunicação noticiam que vários moradores de rua da região central são violentamente agredidos e alguns, com lesões graves, falecem. Esses fatos são inseridos na peça meses depois da sua estreia. Na situação representada, José acorda e, alcoolizado, procura entre o público, os culpados. Faz da garrafa de cachaça uma arma. Posteriormente, conversa com a garrafa e com os espectadores:

> José Eu tive um sonho... Sonho bom; eu acordava! Mas antes deu me acordar, vinha uns sujeitos pra me fazer dormi... Dormir de modo eternamente. *(À garrafa.)* Se eles vier me atacar de novo, sabe o que eu faço? Uso você, minha companheira... *(Ao público.)* No meu sonho, eles vinham e começavam a me dar porrada... Teve um chute que acertou na nuca, outro na boca... *(Confere o genital.)* No saco, não; eu tava encolhido do tanto de frio que fazia. *(À garrafa.)* Se eles vier de novo, eu acabo com eles... acabo. *(Passa um pano sobre o pescoço que sai manchado de sangue.)*

Igor Giannasi, ao publicar uma crítica sobre o espetáculo, capta essa interferência que compreende a historicidade do local da encenação:

> Um tapume na escadaria do banheiro público desativado na Galeria do Viaduto do Chá chama a atenção de quem passa próximo ao Shopping Center Light, no centro. O pedaço de madeira traz os seguintes dizeres: *Evangelho para lei-gos*. Não se trata de uma mensagem religiosa de pregadores que costumam propagar as mensagens da *Bíblia* na região central da cidade, mas sim um cartaz indicando que ali é o espaço para a encenação de uma peça de teatro. (2004, s.p.)

Nesse comentário, o crítico, além de mencionar a precariedade dos materiais utilizados na feitura da placa de divulgação (as letras que compunham o nome da peça foram pichadas sobre uma velha madeira), acentua os significados impregnados no local, pois considera também as figuras emblemáticas que transitam por ali.

Para além das rubricas – o texto cênico

Os autores, como visto na história do teatro, passam a utilizar a rubrica em maior escala. Sobre a crescente inserção de comentários dos dramaturgos em seus textos, Luiz Fernando Ramos localiza reações atuais:

> A tendência que se verifica, se observada a dramaturgia dos últimos cinquenta anos, é da presença cada vez mais marcante do discurso disdascálico: seja numa reação dos dramaturgos tradicionais para garantirem suas interpretações na concretização cênica operada pelos diretores, seja, no sentido oposto, por conta dos encenadores que escrevem textos que narram, depois de encenados os espetáculos, os respectivos processos de montagem. (1999, p.42)

A segunda suposição desse comentário dialoga com as características dramatúrgicas dos textos produzidos pelos dois grupos. São peças que se processam a partir da experimentação cênica – razão pela qual há em alguns deles uma quantidade significativa de indicações cênicas. Assim, a ação dramática deixa de estar inscrita apenas na fala, mas é explorada também na interação de todos os elementos cênicos. E, paradoxalmente, à medida que alguns dramaturgos vão afastando-se da raiz dramatúrgica do teatro (a emissão verbal), eles afirmam um modo diferenciado na construção das ações e criam, concretamente, uma ocupação física do palco que interfere no desenvolvimento de suas narrativas.

No intuito de avançarmos nesta discussão, apropriamo-nos das investigações de Sílvia Fernandes que se referem às particularidades da escrita teatral contemporânea. Em *Memória e invenção*, a autora recupera as definições de *texto dramático* e *texto cênico* para identificar os efeitos e os elementos literários que compõem essa dramaturgia contaminada pela encenação.

A partir de uma concepção classicista, o texto dramático pode ser definido como a escrita que propicia uma realização cênica por meio de diálogos ou rubricas de um texto. Já para os termos *texto cênico* ou *representação como texto*, a teoria teatral contemporânea identifica-os

120 EVILL REBOUÇAS

como elementos que compreendem as ações cênicas de um espetáculo como parte integrante do texto teatral.[7] Bernard Dort nomeia também esse último fenômeno de *escritura cênica*, além de *texto cênico*. Para o ensaísta, esse expediente fundamenta-se em enunciados da linguagem como o gesto, a mímica, o movimento, o corpo – elementos que podem duplicar ou mesmo suplantar o texto dramático (apud Fernandes, 1996, p.275)

Essas acepções, guardadas as devidas diferenças de contextos, encontram-se diretamente ligadas aos traços estruturais e estilísticos dos textos analisados e, independentemente da pluralidade de nomenclaturas concedida pelos teóricos a esse traço estilístico e estrutural, o que emerge como unidade é a prática de considerar na escrita a materialidade da cena. Assim, em razão dessa particularidade, surgem dramaturgias que articulam diversos mecanismos da representação por meio do texto cênico.

Um exemplo de incorporação da materialidade cênica na escrita do texto se encontra em *Apontamentos sobre o texto teatral contemporâneo*, de Sílvia Fernandes. No artigo, a análise é sobre *Combate de negros e de cães*, peça de Koltès:

> A diferença de visões de mundo entre Alboury e Horn, o negro e o europeu, são demarcadas através dos territórios que as falas projetam quando o primeiro entra no campo do outro para reclamar seu direito. [...] Pode-se dizer que os principais eixos temáticos ligam-se a essa oposição de espaços e, nesse sentido, é possível concluir que a ação dramática é a passagem de um território a outro, de uma situação espacial a outra, feita através do movimento físico/verbal dos personagens. (2001, p.75)

---

7 Ao considerar o *texto cênico* ou *representação como texto* um elemento preponderante nas escritas contemporâneas, Sílvia Fernandes menciona no capítulo *Memória e invenção* que Marco de Marinis, Anne Ubersfeld, Patrice Pavis e Bernard Dort, entre outros, entendem que o texto verbal – o código linguístico em que o diálogo é veículo principal – é apenas uma parcela do texto da representação. Pavis aprofunda a questão ao afirmar que *texto dramático* é aquele que preexiste à encenação, enquanto tudo aquilo que é visível e audível em cena é a *representação como texto*.

Se por meio de um arranjo cênico realizado especificamente por um texto cênico, Koltès aprofunda o tema discutido, que implicações temos para as dramaturgias do Vertigem e da Artehúmus? São peças escritas a partir da cena e, como tais, apresentam textos cênicos tão significativos quanto os diálogos. Seus dramaturgos consideram a arquitetura, a mobília e a historicidade do espaço da encenação – elementos que em função da carga semântica intensificam ou alteram as narrativas como se fossem vozes que se superpõem ao texto escrito.

Figura 42 – Talidomida do Brasil (Luciana Schwinden). Foto: Otavio Valle

Determinantes de uma dramaturgia híbrida

Pelas características encontradas no argumento, fábula ou enredo e ainda na hibridez estilística e nas indicações cênicas das obras em questão, parece ser inevitável o surgimento de algumas indagações.

A palavra de ordem é cisão? Os autores, ao explorarem a fragmentação e a não utilização de procedimentos que se referem ao alinhamento das unidades do drama realizam-nas com quais objetivos? A polifonia de traços estilísticos é explorada para negar a força do dramático? Os comentários dos autores em predominância são artifícios para rejeitar o discurso verbal e fugir da raiz do drama?

Para responder a essas questões e, frente às explanações realizadas no decorrer deste capítulo, parece-nos que realmente o dramaturgo contemporâneo procura romper com a predominância de alguns modos poéticos. Mas romper não significa negar. Talvez a expressão que melhor defina essa atitude de cisão entre aquilo que se consagrou como forma ideal e aquilo que o dramaturgo procura reinventar se realize a partir de duas prerrogativas. A primeira é aquela em que a negação se torna maior que os propósitos de sua investigação; a segunda decorre da vontade do dramaturgo de encontrar novas possibilidades para os cânones anteriores. Nesse percurso, ao contrário da negação, encontra-se a necessidade de revitalizar o que se encontra estabelecido.

Por fim, apoiando-nos no pensamento de Lehmann, parece justo que a geração pós-Brecht se empenhe em acrescentar novas possibilidades ao épico. Portanto, desalinhar a fábula, contaminar o dramático com outros recursos, assim como recorrer a outros mecanismos além do discurso verbal, decorre de uma necessidade de comunicação com a realidade de nosso tempo.

3
A HISTORICIDADE DO ESPAÇO COMO ELEMENTO DRAMATÚRGICO

Entre dois grãos de areia
por mais juntos que estejam
existe um intervalo de espaço,
existe um sentir que é entre o sentir...

Clarice Lispector

Um dos pontos que emergem da historicidade do espaço é a alteração na recepção do espetáculo. Portanto, investigamos a interferência da carga semântica e os elementos que compõem a alteração de percepção nas experiências do Teatro da Vertigem e da Cia. Artehúmus de Teatro.

Especificamente sobre a dramaturgia da recepção, recorremos a Patrice Pavis, Anne Ubersfeld, Jean-Jacques Roubine e Roberto Gill Camargo – estudiosos que consideram, entre outros aspectos, as dimensões do espaço e a locomoção da encenação e do público como elementos que interferem na percepção. No campo prático, apropriamo-nos dos comentários de Artaud e Grotowski, encenadores que tem parte das suas inquietações voltadas a essa relação entre espetáculo e espectador.

Fazem parte ainda da base teórica as reflexões de Yi-Fu Tuan, Roberto Lobato Corrêa e Benhur Pinós da Costa, geógrafos culturais

Figura 43 – Juiz (Sergio Siviero), Anjo Poderoso (Joelson Medeiros) e João (Vanderlei Bernardino). Foto: Guilherme Bonfanti

que investigam a *topofilia*[1] e os *microterritórios* – ramificações de uma geografia material e não material e que convergem para o assunto em pauta: a carga semântica impregnada em determinados edifícios e espaços públicos.

No que se refere à intersecção entre texto e espaço, consideramos as investigações de Gaston Bachelard, filósofo que examina os elementos que interferem na recepção a partir de uma poética do espaço.

Figura 44 – Fátima (Roberta Ninin) e Maria (Gilda Vandenbrande). Foto: Jefferson Coppola

---

1 Topofilia é um conceito que compreende a percepção e a interpretação ambiental em diferentes níveis de cognição e afetividade. Assim, quando consideramos a percepção ambiental, trabalhamos não somente com escolas e linhas da geografia, mas também da psicologia (atitudes, condutas, comportamentos, formas, processos etc.). Para a topofilia, a percepção e a interpretação ambiental não são ou estão relacionadas somente ao conhecimento do visível, do informacional, mas envolvem dimensões mais íntimas e subjetivas decorrentes das experiências humanas durante toda a sua história individual ou coletiva.

Em busca de uma alteração de percepção

A percepção é um das questões que têm norteado o teatro contemporâneo e grande parte das mudanças em relação a esse conceito está ligada aos modos de produção de um espetáculo. Priorizamos, assim, inquietações ligadas ao espaço da encenação – precisamente, à disposição espacial em que o espectador recebe o espetáculo e a historicidade de determinados espaços públicos. Para tanto, tomamos como referência algumas experiências ao longo da história do espetáculo nos diferentes espaços utilizados.

No mundo ocidental, sabemos que o teatro nasce na rua para depois ganhar a ágora grega. Mas, à medida que as suas formas de realização são aprimoradas, o espectador passa a ser confinado em arquiteturas fechadas, principalmente com a ascensão da burguesia, no século XVI. Em momentos anteriores, igrejas e tribunais da Idade Média são utilizados como palco, mas esses espaços fechados não acolhem o público de modo a favorecer a sua recepção. Com o tempo, o palco italiano estabelece-se. Suas condições arquitetônicas e técnicas viabilizam uma melhor operacionalização da cena, como, por exemplo, a visibilidade e acústica. Assim, os edifícios teatrais tornam-se o lugar adequado para as encenações que privilegiam o ilusionismo e até hoje ninguém duvida da sua eficácia para que se atinja o efeito da quarta parede.

Porém, no final do século XIX, alguns encenadores começam a interrogar-se sobre as especificidades desse espaço, principalmente a partir dos questionamentos de André Antoine. O encenador, preocupado com a recepção, passa a desconfiar da forma semicircular do Théâtre Libre porque um terço dos espectadores não ouvem ou não têm uma visão privilegiada da cena. Para solucionar esses problemas, Antoine propõe um espaço arquitetônico onde a plateia esteja disposta somente à frente do palco e em planos com declive, de modo que a visão do espectador não venha a ser prejudicada.

Outros homens de teatro passam então a questionar a disposição espacial da plateia, mas as discussões giram em torno da desigualdade social perpetuada pelo arranjo dos lugares nos teatros, além da relação estática e passiva do público diante do espetáculo.

A DRAMATURGIA E A ENCENAÇÃO NO ESPAÇO NÃO CONVENCIONAL 127

Artaud é um dos primeiros encenadores que compreende a necessidade de uma explosão do palco, com o objetivo de propiciar outra qualidade de percepção do público. O espectador, segundo Artaud, deve estar no meio da ação, assim se estabelece uma comunicação direta entre o ator e o receptor. Mas, para tanto, a sala de espetáculo deve ter uma configuração específica (1999, p.110).

Um pouco mais tarde, entre as décadas de 60 e 70 do século XX, Grotowski destaca-se com as suas propostas em relação ao espaço/plateia, pois o isolamento do espetáculo na caixa-preta e seu afastamento físico do espectador são vistos como obstáculos a sua percepção. Seu intento inicial é encontrar espaços reduzidos:

> É portanto necessário abolir a distância entre o ator e a plateia, eliminando o palco, removendo todas as fronteiras. Deixar que as cenas mais drásticas ocorram face a face com o espectador, para que assim ele esteja à mão do ator, possa perceber sua respiração e sentir sua transpiração. Isso implica uma necessidade de um teatro de câmera. (apud Berthold, 2001, p.526)

Assim como Grotowski e Artaud – para citar os mais representativos –, outros encenadores que utilizam a tradicional estrutura italiana passam a questionar os mecanismos de recepção nesse espaço. Brecht, em momento anterior e ao vislumbrar um rompimento com o ilusionismo, propõe a utilização do palco italiano, porém sem esconder do espectador as características da caixa-preta. Mas apesar de o olhar desses encenadores estar voltado para a relação espetáculo/espectador, poucos lançam-se em experiências em espaços não convencionais – assunto que tratamos a seguir.

Uma questão de percepção: o teatro além do palco italiano

Uma nova visão da exploração do espaço da encenação se dá por meio das experiências realizadas na vanguarda europeia, mas essas ações estão voltadas mais a uma questão política do que propriamente relacionadas à percepção do espectador. Artaud, insatisfeito com as

128 EVILL REBOUÇAS

limitações do palco italiano, passa a procurar outros espaços, como capelas desativadas, usinas e galpões, mas o seu anseio em modificar a forma fixa de recepção do espectador não se concretiza.

No início do século XX, alguns encenadores, também fundamentados por essa recusa ao palco italiano – seja por almejar um espaço mais democrático para o espectador, ou para romper com a percepção ilusionista – procuram alternativas. Max Reinhardt é um dos precursores desse século e passa a realizar espetáculos para as grandes massas. Sua primeira empreitada se dá com *Édipo Rei*, de Sófocles, numa adaptação de Hugo von Hofmannsthal, encenada no Circo Schumann, com capacidade para cinco mil pessoas. Ai, o encenador coloca uma imponente escadaria dentro da arena e introduz uma multidão como coro. Um ano depois, em 1910, Reinhardt encena no mesmo espaço a *Oresteia*, de Ésquilo. No salão Olympia, em Londres, Reinhardt transforma o espaço em uma catedral gótica para encenar a peça *Milagre*, de Karl Vollmöller.

Além dessas experiências em espaços não convencionais, Reinhardt monta *Danton*, de Romain Rolland – outro encenador que, mais tarde, também se dedica a criar espetáculos para as massas. Margot Berthold relata:

> O público precisava tomar parte não apenas de modo passivo, mas ativamente. E ele produziu então o seu famoso e notório *Danton*, de Romain Rolland. Foi no Großes Schauspielhaus em Berlim, em 1920. Sentados entre o público, mais ou menos cem atores lançavam aos gritos sucessivos apartes durante a assembleia revolucionária, saltando da cadeira com gestos selvagens. Todo o imenso espaço, transformado por Hanz Poelzig numa monstruosa abóbada de estalactites, transformou-se no Tribunal. (2001, p.488)

Depois desses feitos, em 1922 Reinhardt monta *Das Salzburger Große Welttheater* (O grande teatro do mundo de Salzburgo),[2] peça barroca religiosa, também de Hugo von Hofmannsthal, baseada na obra de Calderón de la Barca. Ele a encena numa igreja, a Kollegienkirche e, comparando-a com a primeira experiência de Reinhardt no espaço

---

2 O título da peça é também uma referência ao Festival Todo Mundo, de Salzburgo, evento criado por Max Reinhardt, em 1920.

A DRAMATURGIA E A ENCENAÇÃO NO ESPAÇO NÃO CONVENCIONAL 129

não convencional, Margot Berthold narra que tudo que foi feito para atingir a atmosfera de um espaço sagrado para o *Milagre* estava pronto. Os únicos complementos à arquitetura do lugar foram os dosséis estilizados e alguns painéis de tecido vermelho brilhante.

A partir dessas experiências em áreas que não o edifício teatral convencional, Max Reinhardt passa a ver o espaço como um dos elementos essenciais à cena. Segundo o seu ponto de vista, haveria, para cada espetáculo, um novo espaço, independentemente de ser ou não um teatro convencional.

Outro encenador que realiza experiências em espaços fora do edifício teatral é Tadeusz Kantor. Em 1942, ele encena *Balladyna* e, em 1944, *O retorno de Ulisses*, em um apartamento. Tendo um público de aproximadamente quarenta pessoas por sessão, o encenador utiliza o estado natural em que encontra o lugar: poeira, lama, velhas tábuas e caixas sujas – aspectos originados de uma Polônia destruída e subjugada pela Alemanha nazista. Sobre a realização desse último espetáculo, Michal Kobialka, comenta:

> A emoção do drama e seu caráter mitológico foram atirados e fundidos com a vida contemporânea. A peça foi representada não em um teatro, mas sim em uma sala que estava destruída. Havia guerra e havia milhares de salas assim. Todas se pareciam: tijolos sem reboco por trás de uma camada de tinta, gesso caindo do teto, piso faltando tacos, pacotes abandonados cobertos de poeira, entulho espalhado por todos os lados, pranchas remanescentes de um convés de navio foram dispensadas ao horizonte dessa decoração, um tambor de revólver apoiado num monte de pedaços de ferro, um megafone militar pendurado por um cabo de aço enferrujado. A figura inclinada de um soldado com capacete usando um sobretudo surrado [de um soldado alemão] em pé contra a parede. Nesse dia, seis de junho de 1944, ele se tornou parte dessa sala. (2005, p.12)

No mesmo ano em que realiza a montagem de *O retorno de Ulisses*, Kantor encena, entre as tantas experiências em espaços variados, *As graças e os espantalhos* em um vestiário. Recusando os "santuários teatrais" (assim ele denomina os teatros), em 1980 Kantor realiza a montagem de *Wielopole Wielopole* em Florença, na Itália, dentro da Igreja de Santa Maria.[3] Os problemas enfrentados pelo encenador relacionam-se diretamente ao espaço, pois ele não encontra uma "climatização" que remeta à Polônia dentro daquela estrutura arquitetônica. Embora não tenha encontrado um espaço cênico com a atmosfera adequada ao assunto do texto, o objetivo de Kantor em relação ao espaço não convencional era tê-lo como tal, manipulando-o de acordo com os seus interesses estéticos.

Alguns estudiosos, ao verificarem essa tendência de utilização de espaços além do edifício teatral, identificam uma evolução na prática teatral contemporânea. Anne Ubersfeld, por exemplo, entende que

> o trabalho imediatamente contemporâneo consiste em mudar eventualmente o lugar cênico, em fazer teatro em toda a parte e nos lugares menos feitos para isso: fábricas, terrenos baldios, praças públicas, cinemas ou... teatros em ruínas como o Bouffes-du-Nord; a descentrar o espaço, a fraturá-lo em zonas diversas, a explorar as suas várias dimensões; a jogar com as oposições espaciais para exaltá-las ou apagá-las (o fechado e o aberto, o contínuo e o descontínuo); a salientar os signos da teatralidade, a nunca deixar o espectador esquecer que está no teatro. (2002, s.p.)

Nessa leva de encenadores, Grotowski é um dos poucos expoentes que, após experiências em teatros mais intimistas, arrisca outras empreitadas. Ao privilegiar o contato do intérprete com o público, recusa qualquer maquinaria, mas altera o espaço para garantir outra possibilidade de percepção. Em 1961, ao apresentar *Os antepassados*, o encenador polonês une palco e plateia. Nos dois espetáculos seguintes, a peça *Kordian* é ambientada em um hospício e em *Fausto*, de 1963, os espectadores sentam-se à mesma longa mesa de banquete que os atores

---

3 Além de montagens com temporadas regulares, Kantor realiza intervenções: "No Teatro Impossível não existia um local definido para a encenação. Os atores circulam por diversos lugares reais nos quais se produzem os acontecimentos, ultrapassando, por seu caráter extraordinário, os limites do possível. [...] Um helicóptero soltava um armário de uma altitude de 1500 metros diante de testemunhas eventuais" e os atores improvisavam a partir dessa relação com o objeto destruído (Cintra, 2003, p.28).

A DRAMATURGIA E A ENCENAÇÃO NO ESPAÇO NÃO CONVENCIONAL 131

utilizam como elemento cenográfico. A partir desses experimentos, o encenador entende que não precisa mais do que um espaço nu para as suas encenações.

Em busca de uma alteração na percepção do espectador, temos, em 1969, uma experiência inovadora. O encenador italiano Luca Ronconi monta *Orlando furioso*. Projeta, inicialmente, a possibilidade de utilizar tablados e assentos giratórios, dispostos de modo que o espectador escolha o ângulo de visão, assim como a aproximação ou o afastamento diante da cena. Soma-se a essas especificidades o caráter fragmentado da encenação, pois devido à simultaneidade de cenas, o espectador pode ainda escolher o que acompanhar. Posteriormente, Ronconi modifica o seu projeto inicial. Em vez de sentado, o público assiste ao espetáculo em pé e as cenas deslizam sobre plataformas móveis até o espectador. Dessa forma, desaparece a delimitação espacial entre encenação e plateia.[4]

Outra experiência num espaço que não o edifício teatral se dá em *1789*, peça montada em 1971 pelo Théâtre du Soleil, com direção de Ariane Mnouchkine. Como o título indica, o espetáculo trata do ano inaugural da Revolução. Sob a perspectiva de um fato histórico, Mnouchkine constrói, em conjunto com os seus atores, uma dramaturgia que apela à memória coletiva e, como afirma Roubine, a encenadora considera "essa espécie de conhecimento difuso que constitui algo como um cimento" (1998, p.112). A montagem é realizada numa fábrica de munições desativada – a Cartoucherie de Vincennes, estabelecendo uma estreita relação entre o tema do espetáculo e a historicidade presente no espaço da encenação.

---

4 Sobre Ronconi, Jean-Jacques Roubine aponta ainda que nos anos 1970 o encenador quis "montar *Catarina de Hulbrom*, de Kleist, em cima do lago Zurique. [...] Os atores iriam representar sobre uma plataforma móvel..." (Roubine, 1998, p.111).

A percepção historicizada em solo brasileiro

Entre nós, algumas experiências se aproximam das investigações realizadas pelo Teatro da Vertigem e pela a Cia. Artehúmus de Teatro. Varias delas ocorrem a partir da década de 1970.[5]

Dentre as experiências relevantes, no início dos anos 1970, Ademar Guerra encena *Missa leiga*, peça de Chico de Assis em que o autor opta por uma estrutura alusiva a um ritual pagão e segue a ordem e os atos de uma celebração católica. Segundo Luiz Serra,[6] ator que participa da turnê em Portugal, o espetáculo seria encenado, inicialmente, na Igreja da Consolação. Porém, mesmo com a autorização da Cúria Metropolitana, o CCC – Comando de Caça aos Comunistas proíbe a encenação na igreja. Em função disso, Guerra estreia o espetáculo em um galpão industrial da Fábrica de Chocolates Lacta, localizado em uma esquina da Rua Humberto Primo – coincidentemente, a mesma rua onde se encontra o hospital e maternidade em que o Teatro da Vertigem monta *O livro de Jó*. Embora não tenha estreado no local previsto pelo encenador, aquele espetáculo é concebido a partir de ensaios realizados na Igreja da Consolação, conforme comenta Serra:

> Várias cenas foram dispostas em lugares específicos, como, por exemplo, no altar, no altar-mor. [...] A "Cena das ofertas" foi concebida nos ensaios lá na própria igreja. O Ademar sugeriu que as doações, em vez de serem em dinheiro, fossem em forma de depoimento. Então, os atores colhiam o depoimento do público com um gravador e a voz do depoente era inserida na encenação como uma doação intelectual. [...] Os padres eram os frequentadores mais assíduos nos nossos ensaios. Dom Luciano Mendes de Almeida e o Cardeal Dom Paulo Evaristo Arns, que naquela época não tinham esses cargos, sempre assistiam aos ensaios na igreja. (em entrevista concedida ao autor desta pesquisa)

---

5 Embora tenham surgido outros espetáculos e grupos que utilizam a carga histórica de um espaço como elemento dramatúrgico, consideramos apenas parte dessa produção até o ano 2000.

6 O ator Luiz Serra atua também em *Lembrar é resistir*, espetáculo realizado no Dops, em São Paulo.

A DRAMATURGIA E A ENCENAÇÃO NO ESPAÇO NÃO CONVENCIONAL **133**

Nesse mesmo período, o coletivo de José Celso Martinez Correa – então denominado Grupo Oficina Brasil – passa a fazer experimentações em locais que não o edifício teatral. São intervenções realizadas em cidades do interior do Brasil e que José Celso denomina de "Te-Ato: um ato teatral que a gente não representava: era um rito" (2006, p.22).

Em uma cidade com várias fábricas de confecção, marcada pela competição entre os seus proprietários, os integrantes do Oficina emendam os retalhos de panos de cada estabelecimento, tecendo assim uma imensa colcha com a participação de muitas pessoas. Em outro município, os moradores atravessam um rio a pé e os integrantes do grupo tentam construir uma ponte.

Em pleno regime militar, o grupo realiza intervenções em espaços abertos. A intenção é apresentar atividades artísticas que conscientizem a sociedade local sobre os problemas políticos daquele momento no País. Dessa experiência nasce, segundo Corrêa, o espetáculo *Gracias, Señor*. Em 1974, após a invasão da polícia no Teatro Oficina, alguns dos integrantes do grupo se reencontram em Portugal e são acolhidos por ativistas da Revolução dos Cravos. Lá, apresentam trabalhos no Teatro São Luís, em fábricas, em fazendas ocupadas, em aldeias e em quartéis.

Na capital do Rio Grande do Norte, em 1977, Véscio Lisboa – que posteriormente adiciona Subhadro ao seu nome – encena *La serpento*, de sua autoria, em um barco sobre o Rio Potengy. Segundo o autor e encenador, os diálogos oscilam entre o sagrado e o profano para tratar da ansiedade do homem à procura de si mesmo. Na encenação, cerca de trinta pessoas ocupam todos os lugares da embarcação e rumam para outro porto. Subhadro comenta:

> A opção por um barco passeando na noite de lua cheia pelo Rio Potengy foi porque o rio também é uma serpente. O pequeno barco serpenteando. [...] Havia um momento em que a serpente se soltava e as pessoas se assustavam e o barco balançava na noite. Era o ponto alto do espetáculo. Total empatia entre o texto/encenação e o lugar escolhido. (em entrevista concedida ao autor desta pesquisa)

Outra empreitada rumo ao espaço não convencional ocorre por volta dos anos 1990 com as Expedições Experimentais Multimídia da Kompanhia Teatro Multimídia. Nesse grupo, os espetáculos são concebidos a partir de intervenções em espaços públicos do estado de São Paulo, sob a coordenação de Ricardo Karman e com a colaboração de Otávio Donasci na área de multimídia. *Viagem ao centro da terra* é a primeira encenação, em 1992. Nesse espetáculo, o público, equipado com macacões, capacetes e luzes, percorre o túnel abandonado sob o rio Pinheiros, em São Paulo. Em 1995, Karman convida Luís Alberto de Abreu para escrever *A grande viagem de Merlim*, texto para um espetáculo itinerante em que o público saí de São Paulo e chega ao Aterro Sanitário dos Bandeirantes, na cidade de Jundiaí.

No Rio de Janeiro – fora as produções que migraram de São Paulo para a capital carioca –, a experiência mais conhecida em espaços historicizados realiza-se no Palácio do Catete: *O tiro que mudou a história*, escrito por Carlos Eduardo Novaes, em parceria com o encenador Aderbal Freire-Filho. A peça mostra as pressões políticas sofridas pelo chefe de Estado, Getúlio Vargas, até o seu fatídico suicídio. O espetáculo começa nos jardins do Museu da República e, posteriormente, o público acompanha em cada aposento do Palácio do Catete as demais situações. Pela relação construída entre espetáculo/público, tem-se, segundo o crítico Macksen Luiz, a impressão de que os espectadores são cúmplices das situações apresentadas. Isso é percebido,

> não só pela proximidade física como pela identificação temática: observando os acontecimentos que correm para o fim inevitável, a plateia é o coro grego, o povo e a própria cidade em torno do palácio. De pé em torno da mesa de reuniões, por exemplo, ela vê ministros e assessores tentarem arrancar de Getúlio uma renúncia. A comunicação direta dos atores com o público [...] a alegorização da figura da Morte, a ausência de som no tiro final, tudo isso impede qualquer possibilidade de realismo e afasta a peça de uma linha biográfica ou de reprodução histórica. (1991, s.p.)

Além da alteração de percepção que se estabelece em função da disposição da plateia e dos deslocamentos, Macksen Luiz observa que o espaço historicizado sublinha a carga dramática do espetáculo. Os de-

A DRAMATURGIA E A ENCENAÇÃO NO ESPAÇO NÃO CONVENCIONAL **135**

talhes da arquitetura – os arabescos, os anjos do corrimão, a claraboia, as frutas e os animais dos frisos, além do próprio prédio – integram-se e redimensionam o assunto abordado na peça.

Silnei Siqueira, ao encenar *Lembrar é resistir*, escolhe um espaço que também dialoga com o tema da peça: o tratamento recebido por presos políticos, a partir de uma série de colagens de textos literários, organizados por Analy Alvarez e Izaías Almada. Para tanto, a montagem é realizada dentro das celas do antigo prédio do Departamento de Ordem Política e Social de São Paulo (DOPS), órgão que tinha como ofício investigar e punir os presos políticos do regime militar.

Ao entrar no ambiente, o público recebe tratamento similar àquele destinado aos reféns da ditadura; preenche, inicialmente, uma ficha com dados pessoais, posteriormente, um Carcereiro passa tinta nos dedos do espectador e ele é obrigado a deixar as suas digitais no verso da ficha. O impacto da encenação é avassalador. Ex-militantes políticos ou mesmo jovens que jamais passaram pelas torturas desse período chegam a desmaiar durante a apresentação. Mas isso não ocorre em consequência de mecanismos ilusionistas. Ao contrário, Silnei Siqueira materializa oposições em relação ao tema: os atores ficam nas celas e dizem textos poéticos, como se fossem depoimentos afastados das situações. Vez ou outra o encenador opta pela alusão a um fato real. Exemplo disso é quando o espectador chega a uma cela e vê apenas uma gravata pendurada no teto, adereço que alude ao enforcamento do jornalista Vladimir Herzog. Nilda Maria, intérprete do jornalista, apenas relata os acontecimentos, ou seja, realiza uma interpretação distanciada, e, se há elementos que direcionam o espectador a uma identificação, isso decorre da coincidência entre o tema e a carga semântica do local.

Vertigem e Artehúmus: ocupações de espaços públicos

Os apontamentos relacionados aos encenadores do início do século XX mostram a sua preocupação em relação à questão da percepção. Alguns pleiteiam mudanças na arquitetura e no palco italiano; outros

136 EVILL REBOUÇAS

passam a explorar espaços que não o edifício teatral a fim de encontrar novas possibilidades na relação espectador-espetáculo.

As experiências dos encenadores brasileiros, assim como algumas representações estrangeiras efetuadas em espaços não convencionais fechados apontam, em determinados casos, para uma exploração da arquitetura e ainda para uma relação entre a narrativa e a história do local utilizado.

Atendo-nos a essas experiências, destacamos algumas questões. Quais os fenômenos originados desse diálogo entre a ficção e a carga semântica? Os temas abordados nos espetáculos ganham outras possibilidades de leitura em função da historicidade do espaço? Que elementos interferem na percepção do espectador?

Vejamos algumas conceituações relacionadas à percepção para, posteriormente, considerarmos as experiências do Vertigem e da Artehúmus. Utilizamos as teorias dos geógrafos culturais Yi-Fu Tuan, Roberto Lobato Corrêa e Benhur Pinós da Costa, estudiosos que apontam particularidades da percepção baseados na geografia cultural e humanística.

Segundo Tuan, o elo afetivo entre o homem e o lugar ou ambiente físico é um dos fenômenos decorrentes da topofilia (1980, p.5). Em seu livro *Topofilia*, o geógrafo analisa como os seres humanos estruturam as suas percepções, levando em conta a interação entre o meio ambiente e a cultura, ou seja, "a maneira pela qual os seres humanos respondem ao seu ambiente físico – a percepção que dele têm e o valor que nele colocam" (idem, p.2). Assim, os valores impregnados em determinados locais são originados por uma série de fatores externos – determinados pela paisagem – e internos – gerados, entre outros aspectos, pela construção imagética e sensorial do homem.

Dentre os elementos que compõem a paisagem, Tuan destaca a arquitetura. A partir dela, o homem cria uma série de associações e valores que interferem na percepção. Exemplo disso são os monumentos que se encontram enraizados na memória coletiva: Persépolis, a estrutura arredondada de Bagdá, Palitana e Pequim. Nesses lugares, as construções, assim como a maneira como são dispostas, expressam "um ideal do cosmo e da sociedade" por meio das geometrias e da ordem hierárquica das formas (idem, p.228).

A DRAMATURGIA E A ENCENAÇÃO NO ESPAÇO NÃO CONVENCIONAL 137

De Roberto Lobato Corrêa e Benhur Pinós da Costa, considera-mos, respectivamente, os elementos simbólicos implícitos nos mo-numentos: as estátuas, os obeliscos, as colunas e os templos – marcos arquitetônicos fixos que são representações de passados que agregam no imaginário social uma série de significados políticos, sociais e econômicos; os estudos sobre a *microgeografia*, ciência que investiga a ocupação humana em espaços públicos, ou seja, territórios que agregam significados em função da concentração de determinadas atividades humanas.

Para avaliarmos as dimensões que uma imagem poética pode alcançar no espaço historicizado, utilizamos os conceitos de Gaston Bachelard. Segundo o filósofo, a literatura fornece elementos que acionam a imaginação do homem por meio de espaços interiores e da interferência de espaços exteriores: "Poder-se-ia dizer que os dois espaços, o íntimo e o exterior, acabam por se estimular incessantemente em seu crescimento" (s.d., p.150). Analisando especificamente o espa-ço exterior, Bachelard acredita que ele pode provocar uma *imensidão íntima*, fato gerado, por exemplo, ao contemplarmos uma montanha, o alto mar ou um deserto. Nesse caso, o espetáculo exterior aciona as grandezas íntimas da imaginação.

Assim, alicerçados, investigamos as alterações de percepção dos espetáculos do Vertigem e da Artehúmus – todos apresentados em espaços públicos.

O paraíso perdido é montado na Igreja de Santa Ifigênia, no centro urbano de São Paulo. Para encenar *O livro de Jó*, o grupo explora os três andares do desativado Hospital e Maternidade Humberto Pri-mo, na Vila Mariana.[7] *Apocalipse 1,11* estreia em uma penitenciária desativada – o Presídio do Hipódromo, em São Paulo, no bairro do

---

7 Da *trilogia bíblica*, *O livro de Jó* é o espetáculo mais aclamado pela crítica e pelo público, inclusive em outros países. Segundo alguns críticos e teóricos de teatro, é, sem dúvida, a encenação mais contundente do grupo e um marco na encena-ção paulista. Com essa montagem, Antônio Araújo, Luís Alberto de Abreu e Matheus Nachtergaele são agraciados em 1996 com quase todos os prêmios que se destinam à área teatral.

Brás.[8] *Evangelho para lei-gos* é concebido a partir de três experiências distintas em banheiros públicos.

Figura 45 – Homem Machucado (Luciana Schwinden). Foto: Lenise Pinheiro

Os espaços públicos, segundo Tuan, agregam cargas semânticas a partir da percepção de uma população. Ao analisar uma passagem histórica, Tuan localiza, por exemplo, o sentimento patriótico:

> Quando os romanos procuraram punir os cartagineses pela desobediência, arrasando a sua cidade, os cidadãos de Cartago suplicaram aos seus conquistadores que poupassem a cidade física, suas pedras e templos, que não tinham nenhuma culpa e em lugar disso, se necessário, exterminassem toda a população. (1980, p.115)

---

8 A primeira intenção do grupo é ocupar a Penitenciária do Carandiru – espaço real e simbólico do grande massacre mortal de 111 presidiários, por policiais militares, fortemente armados e acompanhados de cães pastores alemães. O título *Apocalipse 1,11* alude assim ao número de assassinatos. Mas como o presídio encontrava-se em funcionamento, o Vertigem não obteve autorização do Estado para realizar a encenação lá. Ao ocupar o Presídio do Hipódromo, o grupo quis trazer detentos do Carandiru para tocar instrumentos percussivos no espetáculo. Mas há a necessidade de autorização para que os presidiários – que naquela época gozam de liberdade condicional – possam participar da montagem. Em função de questões burocráticas, é negada a inserção desses cidadãos no espetáculo.

Figura 46 – Passagem/acesso ao banheiro público da Galeria do Viaduto do Chá. Foto: Eduardo Raimondi

Nesse caso, por serem espaços ou monumentos que pertencem à sociedade como um todo, estabelece-se um sentimento coletivo em relação a essa geografia. Mas, além do valor pátrio, outros fatores interferem nos significados de determinadas paisagens de uma cidade.

Certas construções como uma igreja, um hospital, um presídio ou mesmo um banheiro público adquirem outra valoração em função do seu uso – característica que as legitima e impõe uma imagem na consciência pública. Assim, uma igreja pode suscitar imagens de um lugar para o encontro com Deus – seja para que Ele opere milagres ou venha a punir o homem; um hospital e uma maternidade podem evocar curas, mortes e nascimentos; um presídio sugere um ambiente de torturas, injustiças, crueldades e opressões; um banheiro público é um espaço, geralmente sujo, que as pessoas utilizam para expelir dejetos. Bachelard, ao identificar essa característica projetada pelos espaços internos do homem em relação aos lugares externos, chama-a *imagem inicial:* algo indestrutível, pois as imagens presentes no imaginário coletivo têm o poder de se transformar em ideias gerais (s.d., p.98).

No entanto, além da carga semântica agregada a esses espaços em decorrência das atividades que ali se desenvolvem, eles adquirem ainda o caráter de utilidade. Assim, a igreja serve para acolher os fiéis; o hospital, para atender os enfermos; a penitenciária, para prender os marginais; o banheiro público, para oferecer acolhimento à população em uma situação de emergência. São espaços que justificam a sua existência concreta em benefício de um coletivo.

Em torno dessas paisagens há ainda uma série de outros significados, pois as construções podem ter sido realizadas em função de interesses políticos, econômicos e sociais do Estado, de grupos isolados ou de instituições. O hospital, o presídio e o banheiro público estão, por exemplo, ligados às vontades políticas do poder estatal. Indiscutivelmente essas edificações têm uma importância social, porém trazem também a visibilidade política de quem propiciou suas realizações. No caso de uma igreja, a sua construção deriva-se dos interesses da instituição que a administra. Roberto Lobato Corrêa aponta, por exemplo, que as elites constroem monumentos para expressar e exibir o poder que detêm. Já a instituição religiosa materializa o local do culto para agregar os fiéis em torno de uma crença e expor o seu poder (2005, p.12).

Essas características semânticas que se referem ao espaço público, se agregadas aos temas abordados nos espetáculos em questão, interferem, sobremaneira, nas ideias centrais de cada um deles. Nesse sentido, a percepção de quem assiste ou participa desses espetáculos recebe interferências de outros elementos além daqueles relativos ao texto e à encenação, essencialmente, em função da carga semântica de cada espaço.

Figura 47 – Banheiro público da Galeria do Viaduto do Chá. Foto: Eduardo Raimondi

A exploração da arquitetura e sua carga semântica

Em *O paraíso perdido*, Antônio Araújo utiliza boa parte dos elementos arquitetônicos e do mobiliário da Igreja de Santa Ifigênia como possibilidade de diálogo com o tema central da peça: crer ou não crer. O sagrado e profano, por exemplo, são diferenciados pela própria cartografia da cena. Assim, para relacionar-se com as personagens do plano terreno, o Anjo Caído aparece suspenso.

Em outros momentos, vemos a nudez de Adão e Eva atrás das grades dos nichos como provável leitura da vergonha dos pecados do homem. A encenação, ao mostrar a Mulher com Laterna na Mão iluminando os vitrais com imagens sagradas, evidencia a pequenez do homem diante daquilo que se encontra no plano superior, ou ainda, quando o Anjo Caído, ao deparar com os mesmos vitrais, se recusa a seguir aqueles modelos de virtude.

Além dessas ações que incluem a arquitetura do espaço, há ainda a questão de apresentar *O paraíso perdido* com a porta principal da igreja fechada[9]. Gaston Bachelard faz considerações relativas às imagens poéticas decorrentes desse elemento. Para o filósofo, a porta aberta e fechada suscita duas possibilidades de devaneios, ou seja, a clausura e a liberdade (s.d., p.164). Já para Tuan, o homem, ao vivenciar essa experiência, aciona elementos do campo sensorial:

> *Aberto* e *fechado* são categorias espaciais significativas a muitas pessoas. Agorafobia e claustrofobia descrevem estados patológicos, mas espaços abertos e fechados também podem estimular sentimentos topofílicos. O espaço aberto significa liberdade, a promessa de aventura, luz, o domínio público, a beleza formal e imutável; o espaço fechado significa a segurança aconchegante do útero, privacidade, escuridão, vida biológica. (1980, p.31)

As significações descritas por Tuan relacionam-se em boa parte com os expedientes cênicos utilizados em *O paraíso perdido*. Só entra

---

9 Todas as encenações que compõem a *Trilogia Bíblica* utilizam a porta para inicial e finalizar os espetáculos.

Figura 48 – Mulher com Balão (Johana Albuquerque) e Anjo Caído (Matheus Nachtergaele).
Foto: Eduardo Knapp

A DRAMATURGIA E A ENCENAÇÃO NO ESPAÇO NÃO CONVENCIONAL 143

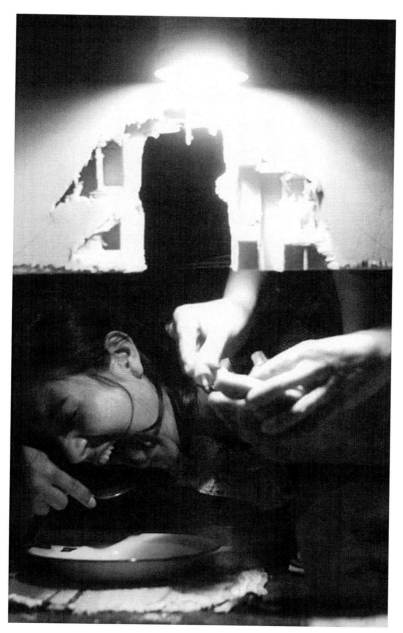

Figura 49 – Fátima (Roberta Ninin). Foto: Jefferson Coppola

luz natural na Igreja de Santa Ifigênia quando a porta principal é aberta ao final do espetáculo; ação que denuncia o definitivo contato do Anjo Caído com a liberdade, com a luz. Mas, dialeticamente, pode significar também a sua relação com o plano terreno, logo, com a contaminação do pecado gerado por aqueles que estão ou venham a entrar na igreja.

Em *Evangelho para lei-gos*, o público também acompanha grande parte do espetáculo com a única porta da galeria fechada e o espaço da encenação é tomado pela escuridão. A luz projetada dentro do local ilumina apenas os pedaços de corpos que aparecem atrás dos boxes dos banheiros.

O ar que circula em uma hora de espetáculo vem de um ventilador industrial que joga vento nas roupas do varal, acima das cabines sanitárias. Gera-se, portanto, um elevado grau de claustrofobia para enfatizar o enclausuramento social das personagens – fosse o local um banheiro público ou o "útero social" onde Jesus 1 acredita estar abrigado para morrer.

Afora os aspectos sensoriais que interferem na percepção do espectador, existem ainda as dimensões extremamente reduzidas do banheiro público. Bachelard, ao analisar os espaços pequenos – como, por exemplo, o canto de uma casa – vê uma clara relação com os estados íntimos do homem, pois todo espaço reduzido provoca, por meio da imaginação, a solidão, a vida escondida e uma negação do universo (s.d., p.108).

As sensações descritas por Bachelard confluem para boa parte das cenas de *Evangelho para lei-gos*. Quem leva Jesus 1 ao suicídio é uma sociedade que não o enxerga. No campo da encenação, as imagens apresentadas não têm nitidez, conforme observa o crítico Luiz Quezada: "Os atores quase não aparecem de corpo inteiro. A direção deu ênfase a partes dos corpos que surgem nos vãos das portas, iluminadas apenas por lanternas ou *spots*, enquanto o resto do ambiente permanece no escuro" (2004, p.12-3). Desse modo, víamos apenas pedaços dos corpos entre os vãos inferiores e superiores das portas ou, em escala bem menor, entre os cantos dos espaços: nos corredores de vidro e entre as cabines sanitárias e o teto da galeria, local que abrigava Jesus 1 – uma espécie de útero de cimento construído pelo homem.

A DRAMATURGIA E A ENCENAÇÃO NO ESPAÇO NÃO CONVENCIONAL 145

Figura 50 – Jesus Assistente Social (Leonardo Mussi). Foto: Eduardo Raimondi

Em oposição a esse espaço reduzido, há a amplitude da igreja de Santa Ifigênia em *O paraíso perdido*. As condições acústicas ganham uma intensidade específica em decorrência das dimensões arquitetônicas: ecos originados das falas, assim como ensurdecedores barulhos produzidos quando os bancos são arrastados pelo espaço.

Roberto Lobato Corrêa, ao estudar as escalas dimensionais dos templos religiosos, aponta que elas suscitam um significado específico para aqueles que as contemplam. Segundo ele, a escala expressa poder, supremacia. Assim, os monumentos religiosos de grandes dimensões arquitetônicas adquirem outros significados, além daqueles que correspondem à história e aos postulados de um credo (2005, p.34).

Se o autor de *O livro de Jó* opta por não considerar a arquitetura do Hospital e Maternidade Humberto Primo na escrita final do texto, o mesmo não acontece na encenação, pois Antônio Araújo utiliza, entre outros recursos, os três andares do edifício como parte significante da narrativa do espetáculo. No saguão do hospital, corpos nus são expostos atrás de portas de vidro como se o local fosse um necrotério. No primeiro andar, Matriarca, depois de perder os seus filhos, entra em uma sala de recém-nascidos e pede que Deus os devolva. Jó, ao ficar ciente da peste que o acometera, sobe as escadas para que seus três amigos tratem de suas chagas. Recepciona-o uma espécie de anjo que canta, à frente de uma janela muito próxima do teto do edifício.

Antes de chegar ao terceiro andar, o público fica acuado por macas em um corredor de largura reduzida. Nesse espaço, Sofar encurrala Jó com suas palavras e suas atitudes. Ao fundo do corredor, apenas uma janela que, em dias de temporal, é aberta e a chuva, os raios e os trovões passam a fazer parte da encenação. O final do espetáculo acontece no terceiro andar, em uma sala de cirurgia onde se dá a passagem da vida para a morte de Jó.

A exploração do espaço em *Apocalipse 1,11* inclui a rua onde fica o Presídio do Hipódromo. João abre os imensos portões de aço do presídio por onde entram ele e o público. No piso térreo, vemos, entre outras ações, sobre o telhado do presídio, um mensageiro lendo a carta ao anjo da igreja de Éfeso. Dentro do espaço fechado, o grupo explora uma sala/cela com uma privada. Nela, João, procurando a Nova Jerusalém, depara com o Anjo Poderoso e este último mergulha a cabeça de João dentro de um vaso sanitário.

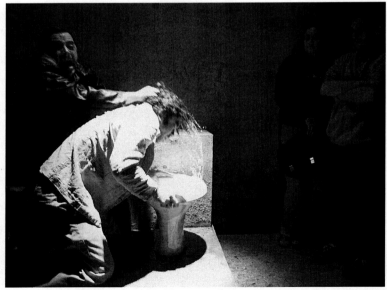

Figura 51 – Anjo Poderoso (Joelson Medeiros) e João (Vanderlei Bernardino). Foto: Otavio Valle

A DRAMATURGIA E A ENCENAÇÃO NO ESPAÇO NÃO CONVENCIONAL 147

No percurso entre a boate construída cenograficamente e a sala de julgamentos, o público passa por um corredor escuro e vê uma série de cenas de massacres. Na sala de julgamentos, o Juiz, suspenso por cordas, acima da cabeça dos espectadores, proclama as sentenças. O mesmo ocorre quando ele se enforca, ou seja, o público o vê em um plano superior. Miriam Rinaldi evidencia a importância da arquitetura do espaço para a apropriação dos discursos dos atores:

> O exercício prático com o espaço revelava qual a melhor maneira de combinar as características de uma cena, os aspectos simbólicos das personagens e as qualidades arquitetônicas de cada espaço. [...] A relação com os materiais e texturas também ajudou no enriquecimento das ações. O exemplo mais evidente era a personagem Anjo Poderoso. Joelson Medeiros explorou a relação da personagem com as grades, esquadrias e corrimão incorporando tais elementos à sua partitura de ações. (2005, p.151)

Mas, algumas particularidades arquitetônicas do edifício não são tão relevantes para o contexto individual das cenas de *Apocalipse 1,11*, e, ao contrário das duas primeiras encenações do grupo, a maioria das cenas não tem uma relação direta com as especificidades arquitetônicas do lugar. No entanto, são realizadas em vários espaços do Presídio do Hipódromo, sem prejuízo da teatralidade. Talvez o lugar – em péssimo estado de conservação – fosse suficiente para dialogar com os assuntos abordados. Já em *O paraíso perdido* ou em *O livro de Jó* a configuração de praticamente todas as cenas parece receber influência direta de determinados locais e, dessa forma, alguns momentos ganham maior contundência dramática. Textos, ações e características arquitetônicas parecem confluir diretamente para os discursos de cada trecho dos espetáculos. Exemplo claro em *O livro de Jó* é o momento em que Matriarca invade a sala de recém-nascidos para pedir ao Pai que Ele devolva seus filhos mortos.

Se nas encenações anteriores os elementos utilizados em cena pertencem ou dialogam com os espaços – como as macas em *O livro de Jó* ou mesmo o mobiliário da igreja de Santa Ifigênia em *O paraíso perdido* –, em *Apocalipse 1,11* essa "coerência" é rompida, principalmente em função da construção cenográfica da boate no primeiro piso: palco para *show* com luzes, mesas e cadeiras.

Figura 52 – Juiz (Sergio Siviero), Noiva (Miriam Rinaldi) e elenco do Teatro da Vertigem.
Foto: Otavio Vale

A DRAMATURGIA E A ENCENAÇÃO NO ESPAÇO NÃO CONVENCIONAL 149

Contudo, tanto no Presídio do Hipódromo, no Hospital e Maternidade Humberto Primo e na Igreja de Santa Ifigênia, os espaços possuem dimensões consideráveis: o pé direito dos andares do hospital é imenso, bem como na igreja; no presídio, as dimensões internas e externas são monumentais. Tuan comenta que alguns espaços arquitetônicos evocam certas emoções: elementos verticais suscitam um sentido de esforço, um desafio de gravidade; já os horizontais provocam aceitação e descanso (1980, p.32).

Podemos aventar a hipótese de que as dimensões arquitetônicas dos locais utilizados trazem ao espectador outra possibilidade de apreensão do espaço, além dos significados históricos ali impregnados. Na monumentabilidade de suas arquiteturas e, mesmo tendo sido construída pelo homem, a distância entre o plano horizontal e vertical provoca uma sensação de não alcance, característica que parece exigir uma espécie de intermediação de forças superiores.

Assim, Jó, dilacerado pela doença, exige um encontro com Deus e, à medida que esse momento se aproxima, mais ele caminha em direção ao céu. Para tanto, o encenador realiza deslocamentos da personagem e do público em direção ao último andar do edifício. João, à medida que presencia as agruras do apocalipse, sobe para os outros andares do presídio. No entanto, ao ver uma progressão das aberrações, ele e o espectador voltam a habitar o plano caótico das ruas paulistanas: o público vê João atravessar o portão principal e desaparecer na paisagem urbana da rua do presídio.

Figura 53 – João (Vanderlei Bernardino). Foto: Otavio Valle

A proxêmica

Roubine aponta que uma das questões mais presentes do teatro moderno refere-se ao modo como o encenador explora o espaço da representação e destaca dois elementos que podem alterar a relação entre o espectador e o espetáculo: a área reservada para a representação e a arquitetura do edifício teatral.

No caso do Vertigem e da Artehúmus, podemos refletir sobre as características dimensionais e o modo como os coletivos criadores os exploram. Um banheiro, uma prisão, uma igreja ou um hospital carregam em sua arquitetura peculiaridades acústicas que interferem na emissão vocal do intérprete e, dependendo da disposição da plateia em relação à cena, podem trazer ainda uma condição de separação ou proximidade dela com o espetáculo. Nos grupos investigados, essa relação com a plateia sempre esteve pautada pela aproximação do espectador com a cena.

Observemos também a historicidade impregnada no espaço que pode alterar substancialmente a percepção. Artaud, em busca de um teatro sagrado e interessado em aprofundar questões relacionadas à percepção, menciona no *Primeiro Manifesto do Teatro da Crueldade*:

> Assim, abandonando as salas de teatro existentes, usaremos um galpão ou um celeiro qualquer, que reconstruiremos segundo os procedimentos que resultarem na arquitetura de certas igrejas e certos lugares sagrados, de certos templos do Alto Tibete. [...] Com efeito, a ausência de palco, no sentido comum da palavra, convidará a ação a desenvolver-se nos quatro cantos da sala [...] e o caráter de ilusão verdadeira do espetáculo, assim como a influência direta e imediata da ação sobre o espectador, não serão palavras vazias. (apud Roubine, 1998. p.110-1)

A relação de proximidade ou distância do público assim como o seu percurso ou não em relação ao espetáculo podem ser balizada pela proxêmica – disciplina que avalia as distâncias estabelecidas entre as pessoas no convívio social e, ainda, as variações dessas distâncias conforme as condições arquitetônicas ou ambientais, a partir dos

A DRAMATURGIA E A ENCENAÇÃO NO ESPAÇO NÃO CONVENCIONAL **151**

diversos grupos ou situações culturais que se encontram aí envolvidos.[10]

Ao direcionarmos esses apontamentos à percepção teatral, consideramos dois fatores mencionados por Roberto Gill Camargo. O primeiro diz respeito ao local da interrelação, ou seja, as características do palco onde ocorre a representação (palco italiano, arena, espaços alternativos) e o percurso do público. O segundo fator está relacionado à distância geométrica entre o apreciador e o objeto apreciado – que Pavis classifica como *espaço informal* ou *espaço interpessoal* e que pode variar conforme as suas dimensões: relações íntimas (menos de 50cm); relações pessoais (50cm a 1,50m); relações socioconsultivas (1,50m a 3,50m); relações públicas (até onde a voz alcançar) – e os efeitos psicológicos ou simbólicos que essas distâncias podem apresentar (1999, p.310).

Em *Evangelho para lei-gos*, a plateia fica, na maior parte do espetáculo, em locais fixos. Para ver as cenas, o público precisa ficar à frente das cabines. Como elementos fixos há uma arquibancada frontal, revestida de cobertores velhos. Ladeiam as vitrines três sofás usados e em péssimo estado. Um deles tem as pernas bambas; o que exige do espectador certa imobilidade durante todo espetáculo. Há também tapetes e almofadas que o espectador pode dispor a sua vontade.

As três experiências do Vertigem são concebidas de forma que a plateia se locomova pelo espaço. Aliás, parte dos deslocamentos da plateia é incorporada à escrita dos textos.

O autor de *O paraíso perdido* menciona no próprio texto várias ações das personagens que indicam também a movimentação do espectador. Talvez a mais representativa de todas se encontre na "Cena Desarrumação dos bancos". O mobiliário é empurrado em direção ao público, o que faz com que as pessoas se movimentem e deixem um vazio no centro da igreja.

---

10 Segundo Roberto Gill Camargo, os primeiros estudos sobre a proxêmica são apontados por Edward T. Hall: *The silent language*, de 1959 e *The hidden dimension*, de 1966. Nesses dois trabalhos, Hall avalia, entre outras questões, o tipo de espaço em que ocorre a relação (fixo, semifixo ou interpessoal), a distância observada e a estruturação do espaço de um edifício ou de um cômodo. Yi-Fu Tuan, em *Espaço e lugar*, identifica que a postura e a estrutura do corpo humano são fatores determinantes para as relações próximas e distantes entre as pessoas.

Nos dois espetáculos seguintes do Vertigem, o sistema processional é intensificado em função dos diversos andares dos edifícios onde são realizadas as encenações. Em *O livro de Jó*, o público é conduzido por Mestre e Contramestre, mas também o Coro exerce essa tarefa. Nesse caso, muitas das movimentações da plateia decorrem do avanço de certas ações em direção ao espectador. Na cena inicial, enquanto o público aprecia os corpos expostos atrás das portas de vidro, Jó e Matriarca entram pelo saguão, surpreendendo a plateia. Uma maca, que faz um ruído ensurdecedor, é empurrada pelas duas personagens em direção ao espectador, fazendo-o recuar para que a cena aconteça. Isso ocorre também quando Sofar intimida Jó no corredor do hospital: ao avançar sobre o enfermo, ele obriga o público a abrir espaço para que Jó possa escapar da sua ira.

A exemplo de Sérgio de Carvalho em *O paraíso perdido*, Fernando Bonassi considera certos deslocamentos nas rubricas do texto final de *Apocalipse 1, 11*: "Observação: Todo o espetáculo terá a presença de Policiais Militares (armados, com *walkie-talkies* ligados e com cassetetes), andando pelo espaço, eventualmente participando e indicando para os espectadores os locais onde irão ocorrer certas cenas" (2002, p.190).

Porém, entre a plateia fixa e a que se movimenta no espaço, quais seriam as reais diferenças de percepção do espectador? Segundo Patrice Pavis, o deslocamento físico pode alterar o olhar do apreciador, pois traz uma sensação de liberdade, além de visões e imagens plurais do objeto apreciado (1999, p.284). Assim, além de o público não estar acomodado em cadeiras, ele escolhe o ângulo que quer ver a ação. Mas se por um lado o modo processional traz a liberdade de movimentos e de visão, por outro, essa autonomia gera interferências na percepção. Não tendo uma área fixa para apreciar a encenação, o espectador está sempre em estado de alerta para os possíveis deslocamentos e ainda terá a possibilidade de optar por ficar afastado ou próximo da cena.

Grotowski investiga expedientes cênicos que proporcionam uma maior aproximação entre espectador e espetáculo. Esse princípio que aproxima o espectador da cena está presente em todas as encenações dos grupos investigados.

Em alguns espetáculos do Vertigem a separação entre espaço de encenação e público é quase imperceptível. Há momentos em que, em função das reduzidas dimensões do local, o público acompanha a cena como se fizesse parte dela.

Em *O livro de Jó*, dada a pequena distância entre a cena e o público, há momentos em que o sangue que corre do corpo de Jó respinga na plateia. A contundência das ações e a estreita proximidade entre atores e público dão vazão, inclusive, a manifestações inesperadas. Siomara Schröder, intérprete de Sofar, comenta:

> No momento em que eu disse "Cale e olhe a vontade de Deus", um rapaz que estava do meu lado interrompeu a cena e perguntou por que eu não me calava. Eu parei. De cabeça baixa estava, de cabeça baixa fiquei. Era tudo muito próximo e ele estava transtornado pelo fato de Sofar encostar Jó na parede. Depois que ele terminou de falar, eu só ergui os olhos na direção dele e repeti um texto que havia falado no início dessa cena: "Eu também tenho medo que o dedo de Deus também me alcance". (em entrevista concedida ao autor desta pesquisa)

Figura 54 – Sofar (Siomara Schröder). Foto: Lenise Pinheiro

Em *Apocalipse 1,11*, o espectador ora é convidado, ora é conduzido a realizar ações. Na cena em que Babilônia é julgada e confessa estar contaminada pelo HIV, os Policiais Militares oferecem ovos para que a plateia os jogue nela. Sem forças, ela se arrasta pelo chão e implora a absolvição, porém o Juiz ordena o massacre. Há, em algumas apresentações, reações contrárias, ou seja, o público atira os ovos nos próprios policiais. Já a emblemática cena do corredor polonês vai além. Os espectadores passam por um lugar apertado e escuro numa atmosfera de choque. Na travessia, os Policiais Militares tratam os espectadores como detentos. Dessa forma, há um limite muito tênue para o público distinguir se é apreciador ou personagem daquela situação. Porém, se por um lado a proximidade pode trazer ao espectador um envolvimento intenso com o que acontece no plano da ficção, por outro pode ocorrer um efeito de distanciamento da ação. Isso acontece, geralmente, quando o espectador, ao ver a cena, tem como imagem de fundo a plateia.

Figura 55 – João (Vanderlei Bernardino) e Noiva (Miriam Rinaldi). Foto: Otavio Valle

Em *Evangelho para lei-gos*, a relação espacial entre plateia e cena é fixa mas bem próxima, em função dos espaços reduzidos dos banheiros. Luiz Quezada identifica a reação do espectador: "A proximidade gera uma profunda sensação de convívio direto com essa realidade. Teve pessoas que, ao terminar a peça, ficaram mais de cinco minutos estáticas" (2004, p.12-3).

A DRAMATURGIA E A ENCENAÇÃO NO ESPAÇO NÃO CONVENCIONAL **155**

No espetáculo, algumas cenas mostram a exclusão social, mas para o coletivo criador não é suficiente que o espectador apenas as contemple. O desafio passa a ser encontrar uma forma cênica na qual o público não fique distante da cena, pois comumente nos desviamos dos cidadãos que dormem nas calçadas metropolitanas. Dessas inquietações surgem situações que não separam o espectador da área de representação. A Vizinha da Esquerda, após ter sido praticamente despejada pela Vizinha da Direita, procura, entre os tantos buracos dos sofás, bitucas de cigarro que ela mesma esconde. Fuma, reza e bafeja a fumaça na cara do espectador. No momento em que a Vizinha da Esquerda exige que alguma mulher daquele lugar fique grávida para reverter uma possível ação de despejo, a personagem Jesus Policial movimenta-se, intencionalmente, entre o vão das vitrines e os sofás – o que propicia o contato do seu corpo nu com os braços dos espectadores. Na cena em que José narra que é espancado enquanto dormia na rua, o ator empurra as almofadas contra as pernas dos espectadores.

Em mesmo contexto insere-se a cena em que Fátima, a deficiente mental, é exposta à prostituição em uma vitrine. Alguns espectadores só podiam vê-la se contorcessem seus corpos, tal como os movimentos da personagem, pois um dos sofás é posto estrategicamente de modo que os espectadores fiquem de costas para Fátima. Aqueles que não se viram, ficam expostos a uma iluminação que enquadra a cena e eles. A respeito da interferência da luz, observa Grotowski (2007, p.109): "É particularmente significativo o fato que, uma vez colocado o espectador em uma zona iluminada ou, em outras palavras, uma vez tornado visível, ele também comece a desempenhar um papel no espetáculo".

A não distinção entre espaço de encenação e plateia propicia um envolvimento com a ficção, porém alterado conforme o repertório do espectador. Algumas manifestações revelam a aproximação e, ao mesmo tempo, o afastamento do observador diante dos fatos mostrados. Nas cenas em que Maria pratica o aborto com uma agulha de tricô, uma senhora que estava à procura de espetáculos para levá-los para Portugal não resistiu ao impacto causado. Ela, completamente abalada, ao tentar sair do banheiro, no escuro, esbarra nos espectadores.

156 EVILL REBOUÇAS

Auxiliada por um segurança, chega até a única porta de saída. Resume a sua aflição numa frase: "É muito sangue!" Por outro lado, ouço nesse mesmo dia um comentário de Miguel, de aproximadamente dez anos, que mora então, nos arredores do Viaduto do Chá. Como ele nunca havia visto um espetáculo de teatro, e dada a temática e a contundência das cenas, resolvo prepará-lo antes. Uma de minhas recomendações é que ele fique ao meu lado e em silêncio durante toda a apresentação. Para minha surpresa, o único cochicho proferido por Miguel aos meus ouvidos ocorre justamente nessa mesma cena. Em sua pergunta, há uma resposta categórica: "Esse sangue é de mentira, né?"

Para aproximar o espectador da ação utilizamos ainda um outro recurso que não distingue a área da encenação da plateia. As personagens dizem: "Merda de vida!", ouve-se o ruído de descargas e a água das privadas chega aos pés do público por meio de canos colocados sob os sofás.

Dessas relações entre espectador e encenação, podemos afirmar que nesse caso, a acomodação fixa permite aprofundar o discurso do coletivo criador. Se por um lado o espectador fica ali, quase sem mobilidade, por outro é possível fazê-lo refletir sobre a inércia da sociedade diante de problemas cruciais de nosso tempo.

Ao avaliar as possíveis diferenças de percepção em relação à questão fixa ou móvel da plateia, Roberto Gill Camargo comenta:

> nos espaços alternativos, no teatro de rua e nas experiências em que o espectador percorre as cenas, as relações proxêmicas tendem a se manifestar independentemente de um posicionamento fixo por parte do público. [...] Cabe ao espectador a tarefa incessante de empreender uma busca visual tentando estabelecer para si um referencial proxêmico com aquilo que lhe interessa ver. (2003, p.25)

Vários homens de teatro investigam os fatores que abarcam a atitude de uma plateia ao assistir um espetáculo em um lugar fixo. Na maioria, esses pensadores acreditam que tal comodidade provoca uma passividade diante da cena. No entanto, a partir dos exemplos citados, fica claro que cabe ao encenador fazer emergir situações que provoquem um estado de alerta no espectador, independentemente do caráter fixo ou móvel da plateia. Sentar-se e não poder fazer nada em *Evangelho para lei-gos* suscita um incômodo. Por conseguinte, estar numa condição passiva perante uma cena, desde que essa inércia intensifique um discurso do espetáculo, é colocar o espectador ativo diante daquilo que assiste.

Figura 56 – João (Vanderlei Bernardino). Foto: Otavio Valle

O território da encenação

Anne Ubersfeld, ao analisar as características de espaços teatrais localizados em periferias africanas e aqueles construídos em centros urbanos, como por exemplo, a Ópera de Paris, afirma que a localização de um teatro agrega valores semânticos da cidade, ou seja, o espaço da representação é dependente do lugar onde ele se encontra (2002, s.p). Ao partilhar esse pensamento, Sílvia Fernandes identifica determinados valores impregnados em espaços teatrais em São Paulo, a partir da localização e da classe social que os frequenta:

o teatro tem encontrado cada vez mais espaço em edifícios que, se não chegam a constituir microcidades fortificadas, sem dúvida se oferecem em espetáculo, não apenas simbolicamente mas também fisicamente, já que salas luxuosas e ostentatórias têm se instalado com certa assiduidade em redutos urbanos supostamente seguros. Fugindo da criminalidade e da dolorosa visão dos excluídos sociais, o espectador das classes média e alta procura abrigo nesses territórios resguardados. (2006, p.5)

A partir dessas considerações, fica evidente que as localizações, assim como as pessoas que habitam ou transitam em torno dos espaços, alteram a carga semântica do local. Logo esses elementos passam a integrar uma realidade e interferir na percepção do espectador. Benhur Pinós da Costa, ao pesquisar as *microgeografias*, observa a formação de *microterritorialidades* em função das pessoas que ocupam determinados espaços. Para ele, os diferentes tipos e interesses de convivência imprimem diferentes subjetividades, oriundas de envolvimentos afetivos, expressões estéticas e capacidades financeiras (2005, p.90).

Ao identificarmos uma carga semântica em função das agregações sociais que se instalam ou circulam em certos locais, podemos encontrar três blocos geográficos distintos nas localizações dos espaços públicos utilizados pelo Vertigem e pela Artehúmus.

O paraíso perdido e *Evangelho para lei-gos* são apresentados no centro da cidade de São Paulo. Nessa região metropolitana há a predominância de microterritorialidades, seja por fatores econômicos ou sociais. De dia, o centro é palco para um comércio abundante, legal ou ilegal, que promove a circulação dos mais diversos tipos sociais. Porém, quando a cidade dorme, outros habitantes aparecem nesses locais: vendedores ambulantes, marginais, mendigos, prostitutas; enfim, pessoas que a cidade parece esconder durante o dia.

No entanto, no centro urbano há outras microgeografias. A igreja de Santa Ifigênia, por exemplo, está muito próxima da Rua Aurora – local que a população identifica como zona de prostituição e, em *O paraíso perdido*, as personagens questionam, entre outras coisas, o pecado.

Em função da localização do banheiro público do Viaduto do Chá, a exclusão social é abordada a partir de dois tipos sociais em *Evangelho*

A DRAMATURGIA E A ENCENAÇÃO NO ESPAÇO NÃO CONVENCIONAL 159

para lei-gos: cidadãos à margem da sociedade e aqueles que assistem à programação do Teatro Municipal ou fazem as compras nos dois grandes magazines próximos ao banheiro. Mas, independentemente da existência desse último grupo, o centro é estigmatizado, principalmente pela ação dos cidadãos excluídos. Evidência disso é que quando os críticos são convidados a ver o espetáculo, a resposta é sempre a mesma: "O centro da cidade é muito perigoso".

Tuan menciona que o homem tende a apegar-se ou estigmatizar determinados locais urbanos e isso ocorre porque estamos habituados a ver as coisas, a partir de uma visão cultural vigente. Segundo o geógrafo, por maiores que sejam as diferentes leituras de um mesmo local, ficamos limitados a vê-lo de uma certa maneira (1980, p.6).

A Vila Mariana e o desativado Hospital e Maternidade Humberto Primo são os locais escolhidos para discutir a peste que havia acometido Jó em um momento em que a família brasileira se fecha à realidade de cidadãos contaminados pelo HIV. Embora o bairro seja um local onde habitam cidadãos de classe média, fica ao lado da Avenida Paulista – um forte centro financeiro de São Paulo que representa o poder e o *status* de uma classe socioeconômica, expressos nos monumentais edifícios ali construídos. A arquitetura dessa avenida apresenta uma paisagem predominantemente vertical, qual uma muralha que nos impede de ver o horizonte. Sílvia Fernandes, embasada nos conceitos de Frederic Jameson, observa que "os ostensivos edifícios contemporâneos representam uma nova categoria de fechamento, na medida em que aspiram a ser espaço total, mundo completo, uma espécie de cidade em miniatura regida por padrões próprios e segregativos" (2006, p.5).

Além da paisagem da Avenida Paulista, o Hospital e Maternidade Humberto Primo é ladeado por prédios habitados por pessoas que, em geral, possuem renda e nível educacional razoáveis; o que sugere um lugar provavelmente mais seguro que as periferias ou o centro da cidade. O comentário de Aimar Labaki sobre uma senhora que assiste *O livro de Jó* dá pistas para identificarmos um dos perfis dos habitantes dessa região. Ao ver um espetáculo que foge dos modos tradicionais, a senhora, indignada, questiona a sua amiga: "Satisfeita, Yolanda?" (2002, p.23).

160 EVILL REBOUÇAS

O antigo e desativado Presídio do Hipódromo, no bairro do Brás, é o território para João, um cidadão muito simples, procurar a Nova Jerusalém em *Apocalipse 1,11*. É uma região onde existem muitos galpões industriais e residências predominantemente deteriorados. Assim como no centro da cidade, de dia possui um caráter comercial, mas, à noite, além de uma população de baixa renda que ali reside, concentra um número razoável de cidadãos à margem da sociedade.

Essas três áreas nos suscitam imagens ligadas à carga semântica de cada lugar, principalmente, em decorrência das atividades econômicas e das pessoas que lá habitam ou circulam. Benhur Pinós da Costa adverte-nos:

> é necessário compreendermos os processos de identificação que reúnem determinados tipos sociais em agregados de convivência, assim como os processos de microssegregação espacial desses agregados, para finalmente entender o estabelecimento de alteridades e segregação/singularização espacial. (2005, p.91)

A partir desses elementos que compõem os microterritórios urbanos, podemos identificar cargas semânticas que passam a interferir nos conteúdos dos temas abordados em cada espetáculo. Assim, a ficção passa a agregar a carga histórica da população que circula ou mora nesses lugares.

Variações de historicidade

Se é concreto que os espaços públicos são impregnados por uma historicidade, verdadeira também é a variação de suas cargas semânticas. Um dos fenômenos que pode contribuir para essa oscilação decorre de o local estar em funcionamento ou não. Bachelard, ao analisar essa especificidade, observa que todo espaço habitado traz a noção de casa. Assim, a imaginação constrói paredes para a ilusão de proteção ou, inversamente, tremer atrás dessas muralhas. Assim, o ser abrigado sensibiliza o seu abrigo (s.d., p.22). E, ao impregnar o espaço com determinados valores, o homem passa então a construir significados

A DRAMATURGIA E A ENCENAÇÃO NO ESPAÇO NÃO CONVENCIONAL 161

– razão pela qual talvez possamos compreender as manifestações que ocorrem em relação às ocupações feitas para as encenações de *O paraíso perdido* e de *Evangelho para lei-gos*.

Assim como Max Reinhardt, Tadeusz Kantor e Ademar Guerra escolhem lugares sagrados, Antônio Araújo opta por ambientar *O paraíso perdido* na Igreja de Santa Ifigênia. O local sempre esteve em funcionamento e há reações drásticas por parte dos fiéis: a montagem é alvo de protestos de um grupo de pessoas pertencentes à Renovação Carismática Católica. O jornalista Armando Antenore registra a fúria de alguns religiosos que tentam impedir a realização da temporada: "Querem transformar a casa de Deus num covil de ladrões [...] Estão cobrando ingressos. É um absurdo. O próprio Cristo expulsou com chicotadas aqueles que ousaram comercializar o templo [...] Só saímos se o papa autorizar o espetáculo" (1992, s.p.). A fúria dos fiéis toma proporções inesperadas, a ponto de eles já não seguirem apenas as palavras de Deus, tanto que dias depois do incidente, o diretor Antônio Araújo presta depoimento no 3º Distrito Policial do Centro, após ter recebido em sua casa uma carta que o ameaça e relata a rotina do encenador e de seus familiares.

Além de rechaças anônimas, – como no caso da carta e de telefonemas que ameaçavam a vida do encenador e de seus familiares – representantes de uma organização que defendia a moralidade dos meios de comunicação, O Amanhã dos Nossos Filhos, também pedem a proibição do espetáculo à Cúria Metropolitana. A questão da ocupação de um espaço sagrado, cedido pelo então cardeal-arcebispo de São Paulo, Dom Paulo Evaristo Arns, toma um vulto tão grande que seis bispos auxiliares, em reunião, decidem proibir a continuidade do espetáculo – algo parecido com a interdição de *Missa leiga* na Igreja da Consolação. A situação só é revertida quando 45 pessoas – incluindo padres, freiras, professores de teologia, agentes de pastoral e membros da Comissão de Justiça e Paz – assistem à peça e percebem que se trata de obra artística incontestável e manifestam aprovação.

Em *Evangelho para lei-gos*, podemos considerar duas experiências distintas em relação ao funcionamento dos espaços utilizados. Nas duas primeiras experiências, os banheiros são utilizados apenas

162 EVILL REBOUÇAS

pelo público das duas instituições, a Escola Livre de Teatro e o Instituto de Artes da Unesp, de acesso restrito à população externa. Já no Viaduto do Chá, embora o banheiro público esteja então oficialmente desativado, a população local utiliza o espaço exterior para urinar e outros fins. Populares exercem o comércio ambulante e, no momento em que passamos a ocupar a galeria, parte das ações locais são interrompidas. Há, por exemplo, a reação dos pais de um casal de crianças que faz *show* nos arredores do banheiro. A fim de impedir as apresentações do espetáculo, as caixas acústicas são ligadas em volume altíssimo, a ponto de fazer vibrar a própria estrutura do banheiro.

Ameaças começam a ser feitas diretamente aos integrantes do grupo, fato que nos leva a realizar os espetáculos sob a proteção da Guarda Civil Metropolitana de São Paulo. Igor Giannassi, em sua crítica, ressalta: "Do lado de fora, vinte policiais da Guarda Civil Metropolitana ficam de prontidão não apenas para garantir a segurança, mas para impedir que nenhum barulho externo atrapalhe a encenação" (2004, s.p.).

Observe-se portanto que, além do espaço público ter a sua própria carga semântica, esse valor se altera se ele está sendo utilizado ou não. Por conseguinte, são locais que, segundo Benhur Pinós da Costa, passam a ser ocupados por grupos sociais que se territorializam nos espaços públicos e constroem significados semânticos relativos às suas práticas – estéticas, sociais e econômicas (2005, p.91).

A percepção além dos cinco sentidos

Em uma encenação que considera o texto e as imagens como pilastras da narrativa, o espectador aciona em maior escala a audição e a visão. No entanto, em experiências que fogem a esse convencionalismo teatral, os outros sentidos podem ser acionados.

Bachelard, ao considerar os sentidos como potente fonte de memória, afirma que a visão diminui certas cargas dramáticas, mas um perfume, um cheiro íntimo pode suscitar climas de um mundo imaginário (s.d., p.132). Tuan, como Bachelard, identifica no cheiro propriedades que podem aguçar a percepção e evocar cargas emocionais de um passado (1980, p.11).

Figura 57 – José (Osvaldo Anzolin). Foto: Eduardo Raimondi

Em *O livro de Jó*, o cheiro de éter, tão comum em ambientes hospitalares, faz-se presente em toda a encenação processional. A doença de Jó parece estar em todos os cantos do hospital, pois as salas e os corredores ficam impregnados pelo cheiro do produto usado para combater as bactérias. Se, por um lado, há uma espécie de proteção à saúde do espectador em função da esterilização do lugar, por outro, a contundência das cenas e o cheiro do antisséptico levam muitos espectadores a desmaiar durante o espetáculo – a ponto de, em cada andar, haver um *kit* de primeiros-socorros para atendê-los.

Em *Evangelho para lei-gos*, dois odores espalham-se no espaço da encenação. Nas escadas de acesso à galeria, o cheiro de urina é permanente – ainda que, a cada apresentação, o local seja lavado com produtos químicos. No interior da galeria, o cheiro neutro do lugar é alterado por doses de desinfetantes colocadas nas caixas de descargas das privadas. Quando acionadas, a água saia por canos, espalhando-se na área da plateia: o espectador vê a água embaixo de seus calçados

164 EVILL REBOUÇAS

e a fragrância invade todo o espaço. O crítico Nelson Albuquerque observa: "Sons como barulho de descarga, e odores com um leve cheiro de desinfetante também são usados para reforçar o clima do ambiente"(2004, s.p.). Por esse efeito, ativa-se o olfato do espectador a fim de acionarmos alguns questionamentos em relação ao assunto discutido. E, se a aparência e a existência das personagens evocam uma matéria humana quase morta, o desinfetante é utilizado como uma espécie de ação da sociedade a fim de esconder o estado agônico dos cidadãos retratados.

No campo da visão, há uma exploração diferenciada em função da iluminação utilizada. Edu Silva trabalha com luzes incandescentes e frias que são alternadas, intencionalmente, durante o espetáculo. Quando a finalidade é ocultar uma cena da visão do espectador, utilizamos a luz de lanternas que, em contraponto à luz incandescente, gera uma dificuldade de percepção da cena.[11]

Embora os grupos tenham acentuado determinadas explorações dos cinco sentidos para a recepção dos espetáculos em questão, alguns teóricos mencionam outros fenômenos inerentes à percepção. Patrice Pavis menciona o fenômeno da "introspecção mental" (2003, p.153), um acionamento da percepção decorrente de um estado psíquico ou sensorial do homem. Embora muitas vezes impreciso, esse estado codifica certas impressões que vão além da visão, da audição, do olfato, do paladar e do tato. Assim, perceber o sagrado presente em uma igreja, a atmosfera de um hospital, o clima de violência de um presídio ou a falta de privacidade em um banheiro público vai além de uma materialidade decodificada apenas pelos cinco sentidos do homem.

Yi-Fu Tuan, como Pavis, identifica outros mecanismos de percepção do homem, além daqueles conhecidos. Para o ensaísta chinês, algumas pessoas são extremamente dotadas de sentido de direção, outras são sensíveis às mudanças de pressão atmosférica e de umidade (1980,

---

11 A nossa retina, ao adequar-se à luz incandescente, atinge um padrão maior de dilatação. Se, posteriormente, a iluminação for gerada por uma luz fria, ocorre uma dificuldade de visão porque a retina ainda se encontra graduada ao padrão de dilatação anterior.

p.7). Em *Evangelho para lei-gos*, dois fatores evidenciam a umidade do ar dentro da galeria: o espaço é molhado pela água das descargas e pela própria água que escorre das rachaduras em dias de chuva. Essa característica, decorrente das próprias condições materiais do espaço, dialoga com certos estados de espírito de Jesus, principalmente quando ele se comporta como se estivesse no útero materno.

Os mecanismos de absorção acionados pelo homem e que não passam, necessariamente, pelos cinco sentidos, podem balizar algumas alterações de percepção de estados decorrentes da interação dos atores com os espaços historicizados. Miriam Rinaldi exemplifica esse fenômeno ao resgatar parte das sensações que ocorrem em determinados lugares do Hospital Humberto Primo, em *O livro de Jó*:

> Havia um canto, a UTI dos bebês, que simplesmente nos arrepiava quando entrávamos lá. Era o lugar mais escuro, mais estranho e pesado de todo o espaço, mais até que a sala de cirurgia. Naturalmente, foi o espaço que concentrou e conservou maior carga de tensão. São coisas invisíveis, mas nem por isso inexistentes. (2002, p.48)

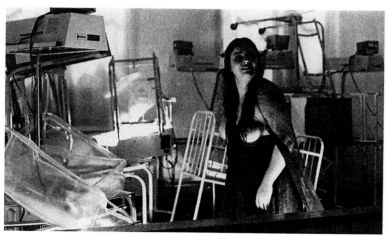

Figura 58 – Matriarca, a mulher de Jó (Daniella Nefussi). Foto: Lenise Pinheiro

O comentário de Rinaldi mostra-nos uma clara interferência da historicidade do espaço na percepção do elenco. Roberto Audio, intérprete da Besta em *Apocalipse 1,11*, menciona que o "mistério do local" o leva a construir situações mais perversas, e isso influencia diretamente na elaboração da sua personagem (apud Rinaldi, 2005, p.152). Temos, nesses exemplos, indícios de uma interferência da qualidade do lugar – seja ela em função das especificidades arquitetônicas ou históricas – que alteram também a percepção do intérprete. São estímulos captados além dos cinco sentidos, como por exemplo a carga semântica do local da encenação.

A fronteira entre o real e a ficção

O artista, mesmo interessado em criar algo que retrate com fidelidade o que encontra na natureza, produzirá uma cópia do que existe. Alguns encenadores, em vez de reproduzirem uma cópia fotográfica do que existe na natureza, preferem utilizar a própria matéria em seu estado original. Antoine, interessado em uma identificação do espectador com a encenação, procura, em boa parte da sua trajetória, esse efeito realista. Para tanto, ele insere objetos reais que carregam o peso de uma materialidade, de um passado, de uma existência. Ao introduzi-los no palco, Antoine revela, segundo Roubine, algo inestimável para o teatro do século XX, ou seja, a *teatralidade do real* (1998, p.29). Um exemplo clássico desse efeito são as postas de carnes que o encenador francês utiliza na montagem de *Les bouchers*: "Não há medida comum entre a insossa teatralidade das postas de carne feitas de papelão e a teatralidade da carne viva, do sangue, da vida e da morte conotadas pelo objeto real" (idem, p.30).

Sarrazac, ao estudar essa utilização da matéria original na cena, comenta que nas experiências de Antoine há algo além da simples exploração do objeto autêntico em busca de realismo:

> Diante disso, o termo "realismo" precisa ser considerado como um falso amigo. Na verdade, tal como foi praticado por artistas como Antoine, significa algo bem diverso. Algo que não visa propriamente à "realidade". E, portanto, torna-se possível dizer que o verdadeiro realismo não tem quase nada que ver com a realidade, na medida em que pretende ser algo mais do que a reprodução da aparência. [...] Seu teatro

A DRAMATURGIA E A ENCENAÇÃO NO ESPAÇO NÃO CONVENCIONAL 167

procurou caminhos de conhecimento, questionamentos movidos pela incerteza. Praticou, assim, um realismo alusivo que procura seu objeto por desvios. (2004, p.122)

Nesse comentário de Sarrazac, interessa-nos exatamente esse *desvio* ou *suspensão* que o objeto real pode provocar na ficção. A realidade, tal como é encontrada na natureza e inserida na representação, pode suscitar discursos que vão além dos seus significados primeiros. Em outras palavras: o real é ressignificado pela representação.

Kantor também utiliza objetos reais em suas encenações, porém, diferentemente de Antoine, o encenador polonês está interessado em destituir esses materiais de suas funções habitualmente reconhecidas. Em *O retorno de Ulisses*, a personagem Penélope, sentada em uma cadeira destruída pela guerra tenta equilibrar-se sobre o objeto, mas, como comenta Wagner Cintra, Kantor trabalha especificamente "a relação do elemento humano com o inanimado, ou seja, a vida associada ao estigma da morte, onde o inanimado é a referência expressa à ausência de vida" (2003, p.1). Por conseguinte, a cadeira passa a ser um objeto esvaziado de significado original, porém a sua utilização alude, segundo as concepções de Kantor, à ausência de existência do homem.

Nas experiências de Antoine e Kantor, o espectador vê a matéria--objeto retirado da natureza, mas na montagem de *Roda viva*, de Chico Buarque e encenada por José Celso Martinez Correa, o público entra em contato direto com essa matéria. No espetáculo, um dos atores espreme um pedaço de fígado de boi, cujo sangue espirra no público, uma vez que ele se situa num corredor, entre duas alas da plateia. A matéria, retirada da natureza e utilizada como tal, aponta, para uma possível leitura do encenador diante daquele momento político, pois a tônica de *Roda vida* é a agressão às classes médias e a "esquerda festiva", ambas frequentadoras de espetáculos de protestos, mas suas ações são, na prática, vãs em relação aos desmandos da ditadura militar.

Nesses três exemplos, podemos verificar que a matéria-objeto é utilizada como tal, ou seja, não construída por um artista que tentou imitar o real. Porém, as suas inserções na encenação têm objetivos distintos. Em Antoine, o ponto de partida é a teatralidade do real; em Kantor, a destituição de significado real do objeto para atingir outras valorações; em José Celso Martinez Correa, a matéria real entra em contato direto com o espectador, a fim de que ele a sinta na pele para tomar atitudes. Mas no caso de encenações que utilizam espaços historicizados, de que forma os encenadores e coletivos criadores se apropriam dessa teatralidade do real?

Em algumas experiências em espaços não convencionais, vimos que, dependendo do assunto discutido no local historicizado, a percepção do espectador altera-se. *O tiro que mudou a história* e *Lembrar é resistir* são exemplos que demonstram o quanto a carga dramática é intensificada em função dos espaços. O primeiro espetáculo aborda a trajetória de um presidente e é encenado no Palácio do Catete – construção que serviu como residência para os presidentes de nossa nação enquanto a capital foi o Rio de Janeiro. Já o segundo espetáculo trata das torturas sofridas pelos presos políticos e tem o antigo prédio do DOPS como cenário. Nesses dois exemplos há uma coincidência entre a carga histórica do espaço e o tema.

Embora os espetáculos do Teatro da Vertigem e da Cia. Artehúmus de Teatro sejam realizados em espaços públicos, diferenciam-se dessas experiências. A primeira questão que emerge é justamente que tratam de assuntos contemporâneos sem levar à cena tipos ou situações fiéis ao tempo atual. Em vez de reproduzi-las, os coletivos criadores preferem aludir à realidade por meio de situações ou personagens mitológicas. Para tanto, enxertam textos e passagens bíblicas em suas narrativas e, por conseguinte, o espectador pode realizar ou não um ajuste entre o fato/mito e o momento presente.

A desconfiança entre estar ligado ao plano divino e habitar o plano terreno com seus dogmas e pecados é a grande dúvida do Anjo Caído. Seria essa dúvida a mesma que temos em relação ao paraíso proclamado por algumas religiões? Jó, ao recusar a morte em função de uma doença incurável, representa os tantos doentes de AIDS daquele período? João, ao presenciar o apocalipse em um presídio, projeta alusões aos 111 presos mortos no Carandiru e aos tantos outros homens que são mortos diariamente em São Paulo?

A DRAMATURGIA E A ENCENAÇÃO NO ESPAÇO NÃO CONVENCIONAL 169

Figura 59 – Jesus Assistente Social (Leonardo Mussi), Jesus 1 (Bruno Feldman) e Jesus Policial (Daniel Ortega). Foto: Eduardo Raimondi

Jesus, um homem comum que morre antes dos 33 anos, alude à curta vida reservada aos excluídos? São personagens bíblicas levadas à cena, mas não há uma preocupação por parte dos grupos em mostrá-las próximas à realidade bíblica ou como uma matriz real do momento presente. Ao contrário, a indefinição de suas caracterizações tornam-nas ambíguas para que haja a possibilidade de dialogar com os problemas contemporâneos.

O diálogo com o tempo presente a partir da articulação entre passagens/personagens mitológicas é observado por Grotowski. Para o encenador, ocorre nesse expediente

> a *confrontação* com o mito, em vez de identificação. Por outras palavras, embora retendo as nossas experiências pessoais, nós podemos tentar encarnar o mito, tentando apercebermo-nos da relatividade dos nossos problemas, da sua conexão com as raízes e da relatividade dessas raízes à luz da experiência moderna. (1975, p.21)

Temos, então, em vez de uma identificação com a situação ou com o mito, uma confrontação do mitológico com a realidade. Não há, por exemplo, em *O livro de Jó*, um paciente com HIV, mas a personagem bíblica acometida por peste. Porém, se nas encenações do Vertigem e da Artehúmus é evitada uma reconstituição do real, há uma realidade concreta aos olhos do espectador: os edifícios públicos, marcos efetivos da paisagem urbana de São Paulo. Como então funciona essa apropriação de um espaço pertencente ao mundo real em relação aos assuntos discutidos?

Ao ocupar espaços públicos para as suas encenações, os dois grupos também utilizam a carga semântica do local e do seu entorno, porém, diferentemente de *O tiro que mudou a história* ou *Lembrar é resistir*, não interessa aos dois coletivos criadores inserir personagens e situações que correspondam às reais utilizações dos espaços. Ao contrário, os grupos exploram os significados de cada edifício como ponto de tensão entre o tema abordado e a historicidade do local.

Nessas encenações, a carga histórica dos espaços suscita no espectador questionamentos em relação aos assuntos discutidos. A historicidade de uma igreja, de um hospital ou de um presídio passam a interferir na narrativa do espetáculo, mas sem a necessidade de uma verossimilhança entre as situações, as personagens e o ambiente ocupado. No entanto, aquilo que se encontra impregnado no imaginário popular passa então a ser associado à encenação. Em *Evangelho para lei-gos*, o banheiro público é utilizado como uma alusão à exclusão social, expediente identificado por Valmir Santos: "A eleição de um banheiro não é por acaso. Serve como metáfora do espaço para onde a sociedade empurra os seus marginalizados, um depósito de lixo" (2004, s.p.). Nesse sentido, embora o grupo explore um espaço que possui significação original (prédio público oferecido à população para fazer suas necessidades fisiológicas), a historicidade evoca uma série de associações entre a utilização do espaço e o assunto discutido. Dessa aproximação entre o significado original e o diálogo com a ficção, aparecem espaços para questionamentos.

Figura 60 – Besta (Roberto Audio) e Palhacinho 1 (Luís Miranda). Foto: Otavio Valle

Vimos, até agora, duas camadas sobrepostas à ideia geral do espetáculo: personagens e situações bíblicas inseridas em contextos atuais e temas que não coincidem com a carga semântica do espaço. Há ainda outro elemento que interfere na percepção do espectador por meio

Figura 61 – João (Vanderlei Bernardino) e Senhor Morto (Roberto Audio). Foto: Guilherme Bonfanti

A DRAMATURGIA E A ENCENAÇÃO NO ESPAÇO NÃO CONVENCIONAL 173

das ocupações de espaços não convencionais. Em função das suas utilizações originais e dos seus significados, ocorre, naturalmente, uma suspensão, isto é, o espectador sabe que ali não é um espaço teatral. Desse embate, origina-se, mais uma vez, um estranhamento em relação ao produto estético, logo, uma quebra do ilusionismo.[12]

No caso das encenações dos dois grupos paulistanos, esses mecanismos de suspensão provocados por tensões entre o local da encenação e a ficção podem ter possibilitado ao espectador uma outra posição que não a de passividade perante o que vê. São lançados na cena elementos que dependem da articulação do pensamento do espectador para uma construção de sentido – expediente largamente defendido por Artaud:

> Para mim, no teatro como em toda parte, ideias claras são ideias mortas e acabadas. [...] Todo sentimento forte em nós provoca a ideia do vazio. E a linguagem clara que impede esse vazio, impede também que a poesia apareça no pensamento. É por isso que uma imagem, uma alegoria, uma figura que mascare o que gostaria de revelar tem mais significação para o espírito do que as clarezas proporcionadas pelas análises da palavra. (1999, p.40 e 79)

Artaud vê na estrutura aberta, fosse ela proveniente de um texto dramático ou da própria escrita cênica, possibilidades mais amplas de ativação da plateia. Ao correlacionarmos essas características com as experiências do Vertigem e da Artehúmus podemos perceber uma semelhança de pensamento. Nos grupos, as "ideias claras" cedem espaço para leituras múltiplas, principalmente em função das personagens que, pelas mãos do dramaturgo e do encenador, fogem da verossimilhança em relação aos contextos e situações mostrados.

A multiplicidade de leituras em relação ao espetáculo pode estar alicerçada também no conceito de ampliação da imagem poética, fe-

---

12 Sobre a realização de um espetáculo em espaços inusitados, Anne Ubersfeld observa que "sair da representação é, também, *teatralizar* por todos os meios possíveis: o espaço do circo, a integração do público, a volta ao cerimonial, tudo o que pode permitir afastar o mimético e dar [...] valor de *estranhamento* (*Verfremdung*)" (2002, p.35.)

nômeno analisado por Gaston Bachelard: a ontologia de uma imagem literária pode ganhar contornos múltiplos, derivados da capacidade de *devaneio* do homem. A ideia de Bachelard está baseada no caráter de complementação, ou seja, aquilo que se encontra apenas sugerido é ampliado por meio da imaginação (s.d., p.6).

Nas encenações investigadas, os coletivos criadores primam por considerar tensões entre texto, encenação e carga semântica do espaço. Nesse sentido, tanto não fazer coincidir a carga histórica com o tema, como não caracterizar de forma fiel as personagens ou retratar as passagens bíblicas em suas acepções originais possibilitam uma ampliação de imagens poéticas e leituras sobre o tema discutido.

Portanto, entendemos que trabalhar com a historicidade impregnada nos espaços públicos é inserir discursos que estão além do texto, da partitura corporal ou vocal dos intérpretes. Uma igreja possui qualidades correspondentes ao sagrado ou ao profano; um hospital, ao nascimento e à morte; uma penitenciária, a um lugar de torturas; um banheiro, a um lugar onde as pessoas expelem seus dejetos. Partindo dessas significações enraizadas nesses locais, o espetáculo ganha outras possibilidades de leitura.

Um espaço que fala

Sobre a carga semântica de determinados locais onde se processam encenações teatrais, Patrice Pavis observa que as qualidades do lugar – entre elas o mistério e a poesia – impregnam o espetáculo (1999, p.138). Trata-se, portanto, de uma imaterialidade decorrente da carga histórica de determinados espaços.

Se compreendermos o termo *dramaturgias* como uma somatória entre textos ditos e aqueles que se encontram entre as lacunas da encenação, podemos afirmar que a qualidade gerada pela carga semântica do espaço passa a responder por importantes discursos do espetáculo. O espaço historicizado contamina a encenação como uma espécie de metatexto. As cargas semânticas embutidas nesses locais passam então a fazer parte dos discursos dramatúrgicos. Embora não estejam materializados pela palavra em forma de diálogos ou mesmo quando os autores não consideram certas especificidades da arquitetura em suas escritas, a percepção do espectador passa a impregnar-se de valores acerca do edifício público. Antônio Araújo esclarece:

> Nos interessa trazer o espectador a um local marcado por um registro emocional e de significados muito peculiar; que este local possa interferir, modificar, contribuir na sua leitura do espetáculo e da discussão por ele apresentada. Nesse sentido, talvez pudéssemos dizer que a opção por um espaço não convencional está essencialmente centrada numa interferência na percepção do espectador, e não numa pesquisa arquitetônica ou numa "estética do espaço". (apud Santana, 2001, p.5)

A ressalva de Araújo em relação a uma exploração da *estética do espaço* passa então a ser um elemento menor, se comparado aos significados que o local possa emanar. Diante dessa afirmação, poderíamos então aventar a possibilidade de a historicidade ser mais um elemento nas dramaturgias desses espetáculos?

Para responder a essa última questão, recorremos a conceitos apontados por pesquisadores do teatro contemporâneo. Estruturalmente eles mencionam, por exemplo, na dramaturgia clássica, a apresentação, o desenvolvimento, o clímax e o desenlace. Afora esses mecanismos de construção, temos ainda o que Anne Ubersfeld classifica, via semiologia, como *actantes*, ou seja, todos os elementos que estão dispostos em uma relação (2005, p.35). Ao considerar inclusive os elementos imateriais pertencentes à cena, Ubersfeld aponta a cidade ou Deus como um actante abstrato, mas significante na representação.

No caso das encenações analisadas, há uma interferência da carga histórica. Se em uma dramaturgia convencional os autores procuram, por meio da articulação de situações, criar climas ou atmosferas para a cena, nas dramaturgias do Teatro da Vertigem e da Cia. Artehúmus de Teatro, um dos provocadores desses estados perceptivos é o próprio local da encenação. Podemos então afirmar que o edifício e o seu entorno tornam-se mais um elemento dramatúrgico que se soma às demais dramaturgias do espetáculo.

CONSIDERAÇÕES FINAIS

Ao elegermos como objeto de estudo a *Trilogia bíblica* do Teatro da Vertigem – *O paraíso perdido, O livro de Jó* e *Apocalipse 1,11* – e a encenação de *Evangelho para lei-gos* da Cia. Artehúmus de Teatro, avaliamos as características de uma dramaturgia criada a partir da cena. Consideramos então a contribuição do coletivo criador, a arquitetura do espaço da encenação e a carga semântica de um território que engloba o edifício e o seu entorno como geradores da escrita textual e cênica dos espetáculos.

Por não partirem de um texto pronto, os coletivos criadores adotam procedimentos específicos na sua criação. No Vertigem, os temas dos primeiros espetáculos surgem a partir de questionamentos coletivos. Em *O paraíso perdido*, o objetivo inicial do grupo é estudar apenas partituras físicas, mas à medida que essa investigação é elaborada, os integrantes optam por discutir questões relacionadas à fé. Já o tema de *O livro de Jó* surge porque muitos amigos dos integrantes do grupo, naquela época, falecem em decorrência do HIV.

Nos dois coletivos criadores, quando os temas são sugeridos a partir de inquietações individuais, o compartilhamento com os demais integrantes ampliam as discussões. Em *Apocalipse 1,11*, o princípio gerador do que viria a ser o assunto da peça parte de Antônio Araújo ao ficar indignado com a morte de um índio pataxó (vitimado pela ação de estudantes de Brasília que atearam fogo em seu corpo). Posteriormente, os integrantes aprofundam o assunto ao relacionar as agruras bíblicas do *Apocalipse* com aspectos da história de nosso País. Já o tema de *Evangelho para lei-gos* é proposto por um dos integrantes do núcleo de atores: a morte. Posteriormente, o dramaturgo o aprofunda, ao propor experimentos cênicos alusivos à morte social.

Nesse processo de construção do espetáculo, os coletivos criadores consideram uma série de elementos que interferem na escrita do texto. A pesquisa de campo, por exemplo, subsidia a criação de personagens que dialogam diretamente com o universo marginal de *Apocalipse 1,11* e, no caso de *Evangelho para lei-gos*, são os moradores do Abrigo Municipal Zacki Narchi e parte da população do centro da cidade de São Paulo que fornecem elementos para ampliar a reflexão sobre a morte social.

A literatura é outro suporte largamente utilizado nessas investigações. Em comum, os dramaturgos apoiam-se em passagens e personagens bíblicas, mas outras literaturas fazem parte desses processos: poemas, teses, textos científicos, poéticos e proféticos. São materiais literários que, diferentemente do material produzido pelo ator em cena, se encaixam ao texto, porém, são integrados à escrita a partir de experimentações práticas. Nesse tipo de escrita, o ator é um elemento essencial para a elaboração dos discursos, pois suas proposições estéticas fornecem diferentes perspectivas sobre o tema do espetáculo e, em alguns casos, até a sua oralidade é aproveitada na escrita das peças.

A chamada equipe técnica também desempenha papel importantíssimo nas dramaturgias, propondo soluções indispensáveis ao aprofundamento do tema. Isso pode ser conferido, por exemplo, no trabalho de Guilherme Bonfanti e Edu Silva, respectivamente, os criadores de luz do Teatro da Vertigem e da Cia. Artehúmus de Teatro. Ambos constroem os equipamentos de iluminação e utilizam materiais que dialogam com as especificidades de cada espaço. Velas iluminam a cena em *O paraíso perdido*, na Igreja de Santa Ifigênia; aparelhos de radiografia do Hospital e Maternidade Humberto Primo projetam a luz para *O livro de Jó*; de dentro de vasos sanitários do banheiro público, saem luzes que chegam à cena de *Evangelho para lei-gos*.

A DRAMATURGIA E A ENCENAÇÃO NO ESPAÇO NÃO CONVENCIONAL **179**

Por se tratar de dramaturgias formalizadas a partir da experimentação em cena, os integrantes contribuem com uma visão de mundo sobre o assunto. Muito próxima da criação coletiva, essas dramaturgias diferenciam-se da prática anterior por haver em cada área do espetáculo um profissional que responde por elas. Dessa forma, existe um espaço reservado para proposições estéticas, mas as criações são avaliadas conforme a visão de mundo do encenador, do ator, do figurinista, do iluminador, do cenógrafo, do diretor musical e cada quesito é pesquisado e construído paralelamente à criação do texto e à concepção cênica.

Deriva-se desse processo a construção de dramaturgias híbridas e, para identificarmos essas especificidades, elegemos três elementos do texto dramático: a construção fabular, a palheta estilística e as rubricas.

Com relação à fábula, os dramaturgos optam por construir histórias sem obedecer a uma estrutura linear e causal, originando assim estruturas fragmentadas a partir de situações em forma de episódios. Embora a narrativa esteja centrada sempre em uma personagem (o Anjo Caído, Jó, João, Jesus), em alguns casos não há ascendências de trajetórias, pois os dramaturgos privilegiam a construção de situações em blocos, sem necessariamente desenvolverem saltos dramáticos. Alicerçados nesses pressupostos, os autores criam uma estrutura fabular aberta, isto é, a construção de sentidos da história depende da articulação de pensamento do espectador.

No que se refere à palheta estilística das obras, os dramaturgos utilizam, indistintamente, recursos além do drama. Embora haja uma predominância de diálogos, os textos apresentam características que estão relacionadas à chamada dramaturgia contemporânea e pós--dramática, como, por exemplo, o controle de avanços dramáticos por meio da repetição de situações e do diálogo-inventário, assim como pela manipulação de tempos – tanto pela descontinuidade temporal da fábula como pelos diferentes tempos e modos de emissão do discurso verbal.

Outro ponto diferenciado nessas dramaturgias diz respeito às rubricas. No drama, comumente, os diálogos são os principais geradores da ação, mas nos casos analisados os comentários dos autores representam

180 EVILL REBOUÇAS

uma parcela significativa no desenvolvimento da narrativa. Isso pode ser observado em *O paraíso perdido*, *Apocalipse 1,11* e *Evangelho para lei-gos*. Nesses textos, há uma equivalência de importância entre o discurso verbal e as indicações cênicas dos autores. Especialmente em *O paraíso perdido* e *Evangelho para lei-gos* é possível realizar um resumo dos principais acontecimentos de cada peça a partir de suas rubricas.

Em função da importância das indicações cênicas para a condução das narrativas, os comentários dos autores equiparam-se aos conceitos de escritura cênica, texto cênico ou representação como texto – expedientes da dramaturgia contemporânea que permitem aos autores articularem situações a partir da interação de todos os elementos cênicos explorados em uma representação: cartografia da cena, elementos visuais, sonoros, olfativos etc.

A arquitetura do espaço da encenação – outro elemento incluído nos textos pelos autores – é explorada como mais um elemento que pode gerar discursos. Na escrita de *O paraíso perdido*, algumas situações ganham outras valorações dramáticas em função dos locais onde elas se passam. Monólogos ou ações que suscitam ou descartam questionamentos em relação à fé são encenados na nave central, no altar e no púlpito – espaços com significados específicos para os católicos.

Em *Evangelho para lei-gos*, a condição de afastamento da sociedade em relação aos excluídos socialmente é evidenciada a partir da arquitetura do espaço. Para representar essa atitude, o espectador vê apenas pedaços do corpo das personagens aparecendo nos vãos inferiores e superiores das portas dos boxes ou ainda quando algumas situações se desenrolam atrás das vitrines da galeria do Viaduto do Chá.

As encenações ganham outros matizes em função da carga semântica impregnada nos espaços públicos, já que a historicidade desses locais está arraigada no imaginário coletivo. Assim, uma igreja, um hospital, um presídio ou banheiro público possuem cargas semânticas que, na interseção entre o texto e a encenação, possibilitam outras leituras em relação à ficção.

Embora os coletivos criadores encenem espetáculos que dialogam com o significado do prédio, seus objetivos não estão calcados em reproduzir situações que mostrem uma correspondência entre a ficção e carga semântica. Ao contrário, os grupos preferem utilizar esse registro emocional impregnado no edifício como mais um elemento sobreposto ao texto, principalmente, porque em todos os espetáculos há uma preocupação em entrelaçar fatos e personagens bíblicas com assuntos contemporâneos.

A carga semântica do espaço é investigada também em função dos espaços públicos estarem desativados ou não. Por essa perspectiva identificamos que quando um espaço se encontra em funcionamento, como no caso da Igreja de Santa Ifigênia ou de parte das dependências do banheiro público do Viaduto do Chá, há variações significativas na apreciação do espetáculo. As constantes ameaças dos fiéis para a realização de *O paraíso perdido* em um lugar sagrado, assim como as intimidações protagonizadas por ambulantes para impedir a ocupação do banheiro em *Evangelho para lei-gos* revelam os tantos significados implícitos em cada um desses espaços.

Por meio da proxêmica, identificamos particularidades relacionadas à cartografia dessas encenações que interferem na recepção. Nas montagens investigadas não há distinção entre a área da representação e plateia, além de o sistema processional gerar no espectador um estado ativo em função dos deslocamentos das cenas e da plateia.

Diante desse panorama que abarca a elaboração de *dramaturgias em processos*, podemos aventar a hipótese de que a realização de encenações em espaços impregnados de significados pela sua historicidade, sua arquitetura e seu entorno propiciam uma substancial interferência na percepção do espetáculo. Assim, o espaço passa a desempenhar um papel importante dentro do espetáculo e revela diferenciações que não se enquadram necessariamente em valores estéticos.

REFERÊNCIAS BIBLIOGRÁFICAS

Livros, teses e dissertações

ABREU, L. A. DE. *O livro de Jó*. In: TEATRO DA VERTIGEM. *Trilogia bíblica*. São Paulo: Publifolha, 2002.

ALMEIDA, M. A. P. *O encenador como dramaturgo:* a escrita poética do espetáculo. São Paulo, 1995. Tese (Doutorado em Artes Cênicas) – Escola de Comunicações e Artes, Universidade de São Paulo.

ARISTÓTELES. *Arte retórica e arte poética*. Rio de Janeiro: Edições de Ouro, s.d.

ARNHEIM, R. *Arte e percepção visual*. São Paulo: Pioneira, 2000.

ARTAUD, A. *O teatro e seu duplo*. Trad. Teixeira Coelho. 2.ed. São Paulo: Martins Fontes, 1999.

BACHELARD, G. *A poética do espaço*. Trad. Antônio da Costa Leal e Lídia do Valle Santos Leal. Rio de Janeiro: Eldorado Tijuca, s.d.

BALL, D. *Para trás e para frente:* um guia para leitura de peças teatrais. São Paulo: Perspectiva, 1999.

BERTHOLD, M. *História mundial do teatro*. Trad. Maria Paula V. Zurawski et al. São Paulo: Perspectiva, 2001.

BONASSI, F. *Apocalipse 1,11*. In: TEATRO DA VERTIGEM. *Trilogia bíblica*. São Paulo: Publifolha, 2002.

_____. O processo texto. In: TEATRO DA VERTIGEM. *Trilogia bíblica*. São Paulo: Publifolha, 2002.

184 EVILL REBOUÇAS

BONFITTO, M. *O ator compositor – as ações físicas como eixo:* de Stanislávski a Barba. São Paulo: Perspectiva, 2002.

BORNHEIM, G. *O sentido e a máscara.* 3.ed. São Paulo: Perspectiva, 2004.

BROOK, P. *A porta aberta:* reflexões sobre a interpretação e o teatro. Trad. Antônio Mercado. Rio de Janeiro: Civilização Brasileira, 2002.

CAMARGO, R. G. *Palco e plateia:* um estudo sobre proxêmica teatral. Sorocaba: TCM, 2003.

CÂNDIDO, A. et al. *A personagem de ficção.* São Paulo: Perspectiva, 2002.

CARVALHO, S. DE. A escrita cênica de *O paraíso perdido.* In: TEATRO DA VERTIGEM. *Trilogia bíblica.* São Paulo: Publifolha, 2002.

_____. *O paraíso perdido.* In: TEATRO DA VERTIGEM. *Trilogia bíblica.* São Paulo: Publifolha, 2002.

_____. (Org.). *O teatro e a cidade:* lições de história do teatro. São Paulo: Secretaria Municipal de Cultura, 2004.

CINTRA, W. F. A. *O circo da morte:* a especificidade do jogo entre o humano e o inanimado no teatro de Tadeusz Kantor. São Paulo, 2003. Dissertação (Mestrado em Artes Cênicas) – Escola de Comunicações e Artes, Universidade de São Paulo.

CORRÊA, R. L. Monumentos, política e espaço. In: ROSENDHAL, Z. (Org.). *Geografia:* temas sobre cultura e espaço. Rio de Janeiro: Eduerj, 2005.

COSTA, B. P. DA. As relações entre os conceitos de território, identidade e cultura no espaço urbano: por uma abordagem microgeográfica. In: ROSENDHAL, Z. (Org.). *Geografia:* temas sobre cultura e espaço. Rio de Janeiro: Eduerj, 2005.

COSTA, F. S. DA. *A poética do ser e não ser:* procedimentos dramatúrgicos do teatro de animação. São Paulo, 2000. Tese (Doutorado em Artes Cênicas) – Escola de Comunicações e Artes, Universidade de São Paulo.

DERRIDA, J. *A escritura e a diferença.* São Paulo: Perspectiva, 1971.

ECO, U. *Lector in fabula:* a cooperação interpretativa nos textos narrativos. Trad. Attílio Cancian. 2.ed. São Paulo: Perspectiva, 2004.

_____. *Obra aberta:* forma e indeterminações nas poéticas contemporâneas. Trad. Giovanni Cutolo. 9.ed. São Paulo: Perspectiva, 2005.

FERNANDES, C. *Pina Bausch e o Wuppertal Dança-Teatro:* repetição e transformação. São Paulo: Hucitec, 2000.

FERNANDES, R. *Teatro Ruth Escobar:* vinte anos de resistência. São Paulo: Global, 1985.

FERNANDES, S. *Memória e invenção*: Gerald Thomas em cena. São Paulo: Perspectiva, 1996.

FO, D. *Manual mínimo do ator*. 2.ed. São Paulo: Senac, 1999.

GARCIA, S. *As trombetas de Jericó*: teatro das vanguardas históricas. São Paulo: Hucitec, 1997.

————. Do sagrado ao profano: o percurso do Teatro da Vertigem. In: TEATRO DA VERTIGEM. *Trilogia bíblica*. São Paulo: Publifolha, 2002.

GLUSBERG, J. *A arte da performance*. Trad. Renato Cohen. São Paulo: Perspectiva, 2005.

GROTOWSKI, J. *O teatro laboratório de Jerzy Grotowski 1959-1969*. Textos e materiais de Jerzy Grotowski e Ludwik Flaszen, com um escrito de Eugenio Barba. Trad. Berenice Raulino. São Paulo: Perspectiva/Sesc; Pontedera: Fondazione Pontedera Teatro, 2007.

————. *Para um teatro pobre*. Porto: Forja Editora Sarl, 1975.

HAUSER, A. *História social da literatura e da arte*. 2v. São Paulo: Mestre Jou, s.d.

HORMIGÓN, J. A. *Trabajo dramatúrgico y puesta en escena*. 2 v. 2.ed. Madri: Publicaciones de la Asociación de Directores de Escena en España, 2002.

KOUDELA, I. D. *Brecht*: um jogo de aprendizagem. São Paulo: Perspectiva, 1991.

————. (Org.). *Heiner Müller*: o espanto no teatro. São Paulo: Perspectiva, 2004.

LABAKI, A. Antônio Araújo e o Teatro da Vertigem. In: TEATRO DA VERTIGEM. *Trilogia bíblica*. São Paulo: Publifolha, 2002.

LEHMANN, H.-T. *Le theatre postdramatique*. Paris: L'Arche, 2002.

LYOTARD, J.-F. *O pós-moderno*. Rio de Janeiro: José Olympio, 1986.

MACHADO, I. Os gêneros e o corpo do acabamento estético. In: BRAIT, B. (Org.). *Bakhtin, dialogismo e construção*. Campinas: Editora da Unicamp, 2001.

MANTOVANI, A. *Cenografia*. São Paulo: Ática, 1994.

MARTINS, M. B. *Encenação em jogo*: experimento de aprendizagem e criação do teatro. São Paulo: Hucitec, 2004.

MATE, A. *Material de estudos*. 2 v. São Paulo: s.n., 2000.

MERLEAU-PONTY, M. *Fenomenologia da percepção*. Rio de Janeiro: Freitas Bastos, 1971.

186 EVILL REBOUÇAS

NICOLETE, A. *Da cena ao texto:* dramaturgia em processo colaborativo. São Paulo, 2005. Dissertação (Mestrado em Artes Cênicas) – Escola de Comunicações e Artes, Universidade de São Paulo.

PALLOTTINI, R. *Introdução à dramaturgia.* São Paulo: Ática, 1988.

_____. *Dramaturgia:* a construção do personagem. São Paulo: Ática, 1989.

_____. *O que é dramaturgia.* São Paulo: Brasiliense, 2005.

PAVIS, P. *Dicionário de teatro.* Trad. J. Guinsburg et al. 2.ed. São Paulo: Perspectiva, 1999.

_____. *A análise dos espetáculos.* Trad. Sérgio Salvia Coelho. São Paulo: Perspectiva, 2003.

POMPEO, J. C. *Do texto à cena e da cena ao texto:* dramaturgia em processo. São Paulo, 2004. Dissertação (Mestrado em Artes Cênicas) – Escola de Comunicações e Artes, Universidade de São Paulo.

PUPO, M. L. DE S. B. *Entre o mediterrâneo e o atlântico, uma aventura teatral.* São Paulo: Perspectiva, 2005.

RAMOS, L. F. *O parto de Godot e outras encenações imaginárias:* a rubrica como poética da cena. São Paulo: Hucitec/Fapesp, 1999.

RAULINO, B. *Ruggero Jacobbi:* presença italiana no teatro brasileiro. São Paulo: Perspectiva/Fapesp, 2002.

RINALDI, M. *O ator do Teatro da Vertigem:* o processo de criação de *Apocalipse 1,11.* São Paulo, 2005. Dissertação (Mestrado em Artes Cênicas) – Escola de Comunicações e Artes, Universidade de São Paulo.

_____. O que fazemos em sala de ensaio: os atores do Teatro da Vertigem. In: TEATRO DA VERTIGEM. *Trilogia bíblica.* São Paulo: Publifolha, 2002.

ROMANO, L. *O teatro do corpo manifesto:* teatro físico. São Paulo: Perspectiva/Fapesp, 2005.

ROSENFELD, A. O fenômeno teatral. In: _____. *Texto e contexto.* 3.ed. São Paulo: Perspectiva, 1976.

_____. *O teatro épico.* 4.ed. São Paulo: Perspectiva, 2002.

_____. *Teatro moderno.* São Paulo: Perspectiva, 1977.

ROSENDAHL, Z. (Org.). *Geografia:* temas sobre cultura e espaço. Rio de Janeiro: Eduerj, 2005.

ROUBINE, J.-J. *A linguagem da encenação teatral (1880-1980).* Trad. Yan Michalski. Rio de Janeiro: J. Zahar, 1998.

RYNGAERT, J.-P. *Introdução à análise do teatro*. São Paulo: Martins Fontes, 1996.

————. *Ler o teatro contemporâneo*. Trad. Andréa Stahel M. da Silva. São Paulo: Martins Fontes, 1998.

SÁNCHEZ, J. A. *Dramaturgía de la imagem*. 3.ed. Cuenca, Espanha: Ediciones de la Universidad de Castilla/La Mancha, 2002.

SANTANA, M. *A cena e a atuação como depoimento estético do ator criador nos espetáculos* A cruzada das crianças *e* Apocalipse 1,11. São Paulo, 2003. Tese (Doutorado em Artes Cênicas) – Escola de Comunicações e Artes, Universidade de São Paulo.

SARRAZAC, J.-P. *O futuro do drama:* escritas dramáticas contemporâneas. Trad. Alexandre Moreira da Silva. Porto: Campos das Letras, 2002.

————. Realismo e encenação moderna: o trabalho de André Antoine. In: CARVALHO, S. DE (Org.). *O teatro e a cidade:* lições de história do teatro. São Paulo: Secretaria Municipal de Cultura, 2004.

SILVA, A. C. DE A. *A gênese da* Vertigem: o processo de criação de *O paraíso perdido*. São Paulo, 2002. Dissertação (Mestrado em Artes Cênicas) – Escola de Comunicações e Artes, Universidade de São Paulo.

STAIGER, E. *Conceitos fundamentais da poética*. Rio de Janeiro: Tempo Brasileiro, 1997.

STALLONI, Y. *Os gêneros literários*. 2.ed. Rio de Janeiro: Difel, 2003.

SZONDI, P. *Teoria do drama moderno (1880-1950)*. Trad. Luiz Sérgio Repa. São Paulo: Cosac & Naify, 2003.

TEATRO DA VERTIGEM. *Trilogia bíblica*. Apresentação de Arthur Nestrovski. São Paulo: Publifolha, 2002.

TODOROV, T. *As estruturas narrativas*. Trad. Leyla Perrone-Moisés. 4.ed. São Paulo: Perspectiva, 2004.

TUAN, Y-F. *Topofilia:* um estudo da percepção, atitudes e valores do meio ambiente. São Paulo: Difel, 1980.

————. *Espaço e Lugar:* a perspectiva da experiência. São Paulo: Difel, 1983.

UBERSFELD, A. *Para ler o teatro*. Trad. José Simões (Coord.) São Paulo: Perspectiva, 2005.

VASCONCELOS, L. P. *Dicionário de teatro*. Porto Alegre: L&PM, 1987.

188 EVILL REBOUÇAS

Artigos e ensaios

ABREU, L. A. DE. Processo colaborativo: relato e reflexões sobre uma experiência de criação. *Cadernos de Teatro da ELT – Escola Livre de Teatro de Santo André*, ano 1, n.0, p.32-41, mar. 2003.

_____. Raízes do processo colaborativo. *O sarrafo*, n.9, p.1-20,abr. 2006.

ALBUQUERQUE, N. Banheiro público vira palco. *Diário do Grande ABC*. 2 out. 2004.

ANTENORE, A. Rezas tentam impedir *O paraíso perdido*. São Paulo, *Folha de S. Paulo*. 7 nov. 1992.

BONASSI, F. O processo texto. In: TEATRO DA VERTIGEM. *Trilogia bíblica*. São Paulo: Publifolha, 2002.

CARVALHO, S. DE. A escrita cênica de *O paraíso perdido*. In: TEATRO DA VERTIGEM. Trilogia bíblica. São Paulo: Publifolha, 2002.

_____. O diálogo do *Apocalipse*. *Bravo!*, ano 3, n.28, p.101-5, jan. 2000.

CORREA, J. C. M. Revolição: lição de voltar a querer. *Camarim*. São Paulo, Cooperativa Paulista de Teatro, ano 9, n.38, p.20-8, 2006.

CORRÊA, R. L. Monumentos, política e espaço. In: ROSENDAHL, Z. (Org.). *Geografia:* temas sobre cultura e espaço. Rio de Janeiro: Eduerj, 2005.

COSTA, B. P. DA. As relações entre os conceitos de território, identidade e cultura no espaço urbano: por uma abordagem microgeográfica. In: ROSENDAHL, Z. (Org.). *Geografia:* temas sobre cultura e espaço. Rio de Janeiro: Eduerj, 2005.

COSTA, J. DA. Teatro contemporâneo: presença dividida e sentido em deriva. *Sala Preta* – Revista do Departamento de Artes Cênicas. São Paulo, ECA-USP, n.4, p.53-65, 2004.

DIP, N. El rol de los objetos en los unipersonales. Florianópolis, *Anais do III Congresso de Pesquisa e Pós-Graduação em Artes Cênicas* (Memória ABRACE VII), p.1-2, 2003.

DORYS, C. Heranças de Grotowski. *Folhetim*: Teatro do Pequeno Gesto, Rio de Janeiro, n.13, p.92-3, 2002.

FERNANDES, S. Notas sobre dramaturgia contemporânea. *O percevejo*, Rio de Janeiro, UniRio, ano 8, n.9, p.25-38, 2000.

A DRAMATURGIA E A ENCENAÇÃO NO ESPAÇO NÃO CONVENCIONAL 189

————. Apontamentos sobre o texto teatral contemporâneo. *Sala Preta* – Revista do Departamento de Artes Cênicas. São Paulo, ECA-USP, n.1, p.69-80, 2001.

————. Onde está o teatro. *Vinte e um por vinte e um* – Revista da Escola Superior Artística do Porto, Porto, Portugal, n.1, p.4-9, 2006.

GARCIA, S. Do sagrado ao profano: o percurso do Teatro da Vertigem. In: TEATRO DA VERTIGEM. *Trilogia bíblica*. São Paulo: Publifolha, 2002.

GIANNASI, I. Reflexões teatrais no banheiro. São Paulo, *O Estado de S. Paulo*, 22 out. 2004.

GUEDES, A. et al. Teatro da Vertigem e o radical Brasil. *Folhetim:* Teatro do Pequeno Gesto, Rio de Janeiro, n.20, p.79-121, 2004.

KOBIALKA, M. Tadeusz Kantor (1915-1990). Tradução Jorge Will. *Camarim*. São Paulo, Cooperativa Paulista de Teatro, ano 8, n.35, p.12-4, 2005.

LABAKI, A. Dramaturgia paulista hoje. *Folhetim:* Teatro do Pequeno Gesto, Rio de Janeiro, n.15, p.76-9, 2002a.

————. Antônio Araújo e o Teatro da Vertigem. In: TEATRO DA VERTIGEM. *Trilogia bíblica*. São Paulo: Publifolha, 2002b.

LEHMANN, H.-T. Teatro pós-dramático e teatro político. *Sala Preta* – Revista do Departamento de Artes Cênicas. São Paulo, ECA-USP, n.3, p.9-19, 2003.

LIMA, M. A. DE. O livro de Jó põe metafísica à prova. São Paulo, *O Estado de S. Paulo*, 17 fev. 1995. Caderno 2.

LUIZ, M. A poesia de construir a morte. Rio de Janeiro, *Jornal do Brasil*, 16 out. 1991.

MACHADO, I. Os gêneros e o corpo do acabamento estético. In: BRAIT, B. (Org.). *Bakhtin, dialogismo e construção*. Campinas: Editora da Unicamp, 2001. p.141-58.

MALUF, M. *Confissão*. São Paulo: s.n., 2000.

MARCIANO, M. O juízo do homem comum. *Bravo!*, ano 3, n.30, mar. 2000.

QUEZADA, L. Realidade sufocante. *Cultura Dia a Dia*, n.40, p.12-3, nov. 2004.

REBOUÇAS, A. M. *O livro de Jó:* moldura épica e desenho trágico. *Sala Preta* – Revista do Departamento de Artes Cênicas. São Paulo, ECA-USP, n.1, p.23-6, 2001.

REBOUÇAS, E. Um miojo que dá caldo: a relação sobre a temática e a materialidade do texto. *Caderno de Artes*. São Paulo, Departamento de Artes Cênicas, Educação e Fundamentos da Comunicação – Instituto de Artes da Unesp, n.1, p.72-80, 2004.

REVISTA CENÁRIO. Um Deus e um Diabo na terra de nós. São Paulo, Review, ano 2, n. 12, p.13-16.

RINALDI, M. O ator como dramaturgo: a improvisação no processo colaborativo, São Paulo, 1997. Iniciação Científica, Unesp/Fapesp.

_____. O que fazemos em sala de ensaio: os atores do Teatro da Vertigem. In: TEATRO DA VERTIGEM. *Trilogia bíblica.* São Paulo: Publifolha, 2002.

SANTOS, V. Grupo encena peça em banheiro público do centro. São Paulo, *Folha de S. Paulo,* 18 set. 2004.

SARRAZAC, J.-P. Realismo e encenação moderna: o trabalho de André Antoine. In: CARVALHO, S. DE. (Org.). *O teatro e a cidade:* lições de história do teatro. São Paulo: Secretaria Municipal de Cultura, 2004, p.121-2.

UBERSFELD, A. A representação dos clássicos: reescritura ou museu. *Folhetim:* Teatro do Pequeno Gesto, Rio de Janeiro, n.13, p.11-30, 2002.

Internet

UBERSFELD, A. *Espaço e teatro.* Trad. Roberto Mallet. Disponível em http://www.grupotempo.com.br/tex_ubersfeld.html. Acesso em 10 jan. 2002.

ANEXOS

Anexo I
As principais ações dos textos

Em substituição a reprodução integral dos textos analisados, optamos por uma síntese das ações principais de cada um – que incluem os conteúdos originados pelas falas, pelas ações físicas e pelas interferências históricas e arquitetônicas do espaço da encenação.[1]

Apresentamos, a seguir, um resumo das quatro peças investigadas, permitindo ao leitor uma melhor compreensão dos assuntos que são discutidos nesse trabalho.

O paraíso perdido

O texto inicia-se com a personagem Anjo Caído pendurado em um portal e posteriormente caindo ao chão. Na fala de abertura, aliada à significativa ação de cair, a personagem, ao evocar o seu próprio estado, narra a expulsão de Adão e Eva do Jardim do Éden. Ou seja, a sua própria expulsão.

Após um ruído na semiescuridão da nave da igreja, o Anjo vê casais correndo e gritando e depois o Homem com Balão. Antes de soltar o balão, o Homem confessa que perdeu muitas coisas e, na solidão, pressente um anjo

---

1 Todas as falas e rubricas, entre aspas, mencionadas neste Anexo e referentes aos textos encenados pelo Teatro da Vertigem estão no livro *Trilogia bíblica*, citado na bibliografia.

com uma espada na mão. Ao acompanhar com o olhar a subida do balão ao teto da igreja, o Anjo Caído chega à conclusão de que "Iahweh Deus expulsou o homem do Jardim do Éden".

Um homem carrega uma mulher em seus braços. O Anjo Caído corre em direção ao homem que se senta ao lado de dois outros casais. Ao mesmo tempo, três casais ninam seus filhos, mas os pais os deixam cair de seus colos. Ao ouvir um chamado, o Anjo corre em direção a várias crianças. Elas brincam de cabra-cega. Depois de um tempo, elas retiram as vendas e saem em silêncio. Com exceção de uma que, abandonada, pega um revólver e dispara-o sobre a própria cabeça.

Após esse ato, a Criança luta para não acreditar que está morta, até que sobe ao coro da igreja e junta-se a um homem, à beira de um desmaio. Esse último, sentindo que será tragado pelo abismo, joga-se do alto.

No chão da igreja, um grupo de pessoas, em forma de cruz, realiza uma sequência de quedas ao chão. Ao ver toda essa ação, o Anjo Caído questiona-se quanto a sua própria queda. Em seguida, percebe um grupo de pessoas sobre os bancos da igreja, ora olhando para o alto, ora para baixo, ora desistindo de olhar. Desse grupo, uma das pessoas corre até a porta central da igreja, mas não consegue abri-la. O Anjo tenta realizar a mesma ação, mas um choro o desvia de seu objetivo. É Lacrimosa, um homem que chora sem parar enquanto outro homem o consola.

Uma criança chama pelo pai, mas ele não vem. O Anjo Caído abre uma grande porta, vê a criança e, como não consegue ajudá-la, fecha a porta. De repente, percebe um homem e uma mulher em dois nichos diferentes, atrás das grades. São Adão e Eva que se envergonham de seus próprios corpos. O Anjo se rebela, questiona o Criador quanto às leis da criação. Os bancos da igreja o encurralam no altar.

Um grupo de crianças faz um aviãozinho de papel, brinca com ele e depois ateia-lhe fogo. Os pais chegam e aplicam-lhes castigos. Uma das crianças, o Filho Castigado, questiona a ação: "Quem é esse que eu chamo de pai?".

Uma mulher canta dentro de um confessionário e o Anjo Caído corre até ela. Tem as mãos sujas de sangue e em seu lamento diz ser a menina que caiu do colo, que foi arrancada do ventre e agora recusa a criação. Logo em seguida, duas mulheres começam a se autoflagelar, batendo em seus seios e em seus órgãos genitais.

A DRAMATURGIA E A ENCENAÇÃO NO ESPAÇO NÃO CONVENCIONAL 195

Uma criança chama novamente pelo pai e o Anjo Caído, de novo, vai em sua direção. Abre a porta, depois abandona a criança, caminha em direção a um vitral iluminado e afirma que não espera mais retornar.

O Coro de Orações movimenta-se sobre os bancos até desaparecer. Permanecem apenas um homem e uma mulher. Ela, com uma lanterna na mão, ilumina imagens de anjos nas paredes enquanto lamenta que a memória deixa as lembranças para trás, como, por exemplo, o voo dos pássaros. O homem que a acompanhou o tempo todo, esboça um voo. Depois, um grupo de pessoas tenta subir ao céu.

O órgão da igreja emite um som e o Anjo Caído corre em direção ao Homem Atrás dos Tubos do Órgão. O Homem afirma: "Nada nos abandona, nada nos deixa" e o Anjo Caído desaparece. Nesse momento, o público encontra-se no altar e é surpreendido pelo Anjo Caído. Ele segura as suas asas e posteriormente joga-as ao chão, numa atitude de que aceitou a sua queda.

Um casal ocupa a nave central da igreja: gira o tempo todo e grita de alegria. Posteriormente, um grupo de pessoas com velas nas mãos procura algo. Algumas chamam pelo pai, até que apenas uma pessoa do grupo encontra as asas do Anjo Caído, recolhe-as e vai embora.

A porta central da igreja se abre. Entra uma mulher que segura um balão e diz que há nela a euforia de um anjo perdido nela mesma. Relembra o ato do nascimento e solta o balão. Atrás dela, o Anjo Caído desce do alto e atinge o chão. Um grupo de pessoas canta enquanto a mulher segue para o altar. Ela abre e fecha os braços lentamente em direção ao céu até suas palmas quase se tocarem.

O livro de Jó

Sentado em uma maca, Jó suplica a ajuda de Deus, a fim de suportar as dores das chagas que cobrem o seu corpo. Matriarca, vendo os seus filhos morrerem e serem carregados pelos padioleiros, questiona a existência de Deus. Mestre, um dos narradores, ao querer justificar o pensamento de Matriarca, conta a passagem em que Satanás questiona a fé dos filhos do Criador: Satanás propõe que Deus tire de seu filho mais devoto, Jó, a sua casa, os seus filhos, para então ver se ele não arranca de dentro de si a sua fé.

Aceito o pedido de Satanás, os narradores anunciam a chegada de três amigos para ajudar Jó: Elifaz de Temã, Baldad de Suás e Sofar de Naamat. Elifaz é o primeiro a trazer conforto ao enfermo. Embora abrace o corpo cheio de chagas e de sangue do amigo, há nos seus atos o medo do contágio; num desabafo, Jó amaldiçoa o dia em que nasceu. Elifaz, por meio das palavras da *Bíblia*, tenta convencer Jó da provação que o Pai enviou. Surgem os primeiros questionamentos em relação aos males que foram impingidos ao enfermo.

Ao se encontrar com Baldad, Jó confessa não saber o motivo pelo qual está sendo castigado, pois não acredita ter pecado; o amigo mostra-lhe a distância que existe entre Criador e criatura e, pela primeira vez, o enfermo questiona a onipotência divina: "E posso não aceitar?".

Matriarca relembra o encontro com uma velha "vestida de miséria, farrapos e desenganos", quando a questionara sobre a sua fé. A velha pedira para que ela não tirasse a única coisa que lhe sobrara na face da terra: a fé. Em oposição ao pedido da mulher, Matriarca afirmara que Deus vive do inferno, do desespero e fortalece-se da ignorância do homem.

Contrapondo-se ao argumento de Matriarca, Sofar, o último amigo que vem até Jó, exemplifica a piedade do Senhor em relação a ele próprio: a sua pele não foi castigada e isso se explica porque ele, Sofar, jamais pôs em julgamento a crença que tem no Pai. Não se dando por vencida, Matriarca tenta provar a ausência de Deus, mostrando a Jó o caos: os loucos, os doentes e pedintes que há no hospital.

No meio do caos, os três amigos pregam aos demais, mas é inútil: o chão fica repleto de mortos e, num lamento, um Coro de Moribundos afirma que a paz está na morte e a vida é um sonho sem razão.

Os três amigos voltam a pregar a palavra do Criador; mas Jó não quer apenas a palavra, quer que Deus se manifeste e exige um encontro pessoal com Ele. Como que atendendo ao pedido de Jó, um sopro de voz se manifesta na boca de Eliú, um doente que afirma que a voz não é dele. Matriarca enfrenta Eliú e é violentamente criticada pelos três amigos de Jó; porém, Eliú afirma que vê mais fé em Matriarca do que nas palavras que eles vomitam dos livros de Deus.

Jó entra em convulsão, mas não aceita morrer antes de obter as respostas do Senhor. Debate-se e fica paralisado: sente o alívio da morte e cai nos braços de Matriarca. Mestre e Contramestre encerram a narrativa e afirmam que, para os que não creem, a doença enlouqueceu Jó; para os que creem, Deus se manifestou e Jó talvez ainda tenha vivido.

Apocalipse 1,11

Estruturada em movimentos, as ações que compreendem o prólogo apresentam a temática a ser abordada: um Homem Machucado discursa sobre a espera do Messias e do final dos tempos. Posteriormente, enquanto uma Criança rega uma planta muito florida, ouvem-se em *off*, palavras bíblicas que referem-se ao surgimento do homem e do pecado. Numa atitude serena, a Criança risca um palito de fósforo e põe fogo na planta. Completa ainda a apresentação do tema, a chegada de um Carteiro que lê carta enviada ao anjo da igreja em Éfeso, com referência à desordem e ao caos contemporâneo.

João, a personagem que percorre a história do começo ao fim à procura da Nova Jerusalém, chega com mapas da cidade, mala e *Bíblia* na mão. Entra em um quarto e encontra a Noiva – uma mistura de virgem/noiva e arrumadeira de hotel. Tanto no seu discurso quanto nas suas ações há um misto de pureza e entrega. Irado com seu oferecimento dúbio, João expulsa-a do lugar.

Só, nesse quarto, João vê o Senhor Morto embaixo de uma cama e questiona-o sobre o fato de correr e não chegar, de amar e não ser amado, de trabalhar e não ter nada. Ao perceber que o Senhor Morto não reage ao que diz, João esfrega a *Bíblia* na cara dele. Não satisfeito, o homem arranca a página que leu, faz o Senhor Morto engoli-la e o expulsa do quarto.

De novo só naquele quarto, João recebe a visita de três Anjos Rebeldes e do Anjo Poderoso, que se manifestam contra ele e exigem que anote tudo o que verá em um livro para que este depois seja enviado às sete igrejas.

O segundo movimento da peça acontece dentro de uma boate: João chega à Boite New Jerusalém. Aí, jogadores deixam de rezar para currar a Noiva e depois voltar às suas orações. Posteriormente, a Besta toma conta do palco da boate e dedica a sua missa-*show* ao homem que ela mais ama: Jesus.

Nessa missa-*show* participam Babilônia e um Negro. A primeira executa um *strip-tease*, tirando sete calcinhas – uma alusão às "Sete Taças" do *Apocalipse* – até ficar nua. O Negro, após ser acusado de roubar a bolsa de Babilônia, assume o delito e tenta estuprá-la. Antes de o ato se consumar, a Besta, agora travestida de Besta-PM, espanca e atira no Negro. De fundo, aplausos gravados. Os três agradecem a ovação. Mas antes de o Negro ir embora, Babilônia e Besta derramam sobre ele um cálice com farinha. O Negro, agora de pele branca, sai daquele lugar acreditando que ali se realizou um milagre.

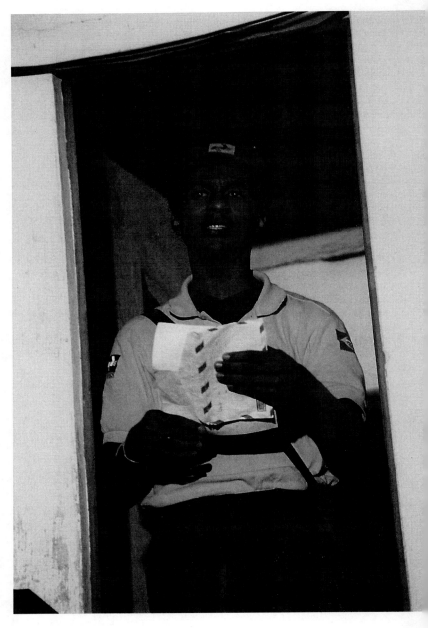

Figura 62 – Carteiro (Luís Miranda). Foto: Claudia Calabi

Figura 63 – Senhor Morto (Roberto Audio) e João (Vanderlei Bernardino). Foto: Claudia Calabi

Dando prosseguimento à missa-*show*, entra Talidomida do Brasil. Gaguejante e sobre uma cadeira de rodas, discursa sobre os fundamentos da República Federativa do Brasil. Porém, ela não realiza a tarefa satisfatoriamente e o Oficiante do Culto retira-a dali. Na sequência, chega o Pastor Alemão com uma *Bíblia* e um crucifixo. Tenta exorcizar o demônio que se manifesta em Babilônia – um demônio que se pode exprimir em nome de um partido político da direita, das instituições financeiras locais e mundiais, dos bairros e ruas da burguesia paulistana, de uma penitenciária, das personalidades da vida política, da filosofia, das religiões, da história imperial do Brasil, da sociedade paulistana. Ao final da sessão de exorcismo, a Besta agradece os patrocinadores da cultura brasileira e os *e-mails* que tem recebido de atrizes, de loiras e de loiros. Finaliza sentindo saudades da atriz Leila Diniz.

A atração proposta pela Besta – uma espécie de entreato daquele *show* – é executada pelos Palhacinhos 1 e 2 e por um Coelho que, perdidos naquele lugar, não sabem o que fazer. Os primeiros imitam os vendedores ambulantes de *jeans* do centro da cidade. Oferecem calças anunciando as marcas *Levi's*, *Lee*, *Staroup*, até que o Palhacinho 1 argumenta que está de saco cheio das pessoas que não fazem nada para mudar – mudar algo que os dois não identificam, pois se referem a esse algo apenas com palavrões.

Figura 64 – Besta (Roberto Audio). Foto: Edouard Fraipont

De volta ao palco, a Besta recebe o Casal de Sexo Explícito e evoca as palavras bíblicas "crescei e multiplicai-vos". Ao mesmo tempo, o Carteiro lê missiva que enfoca a passividade do provo brasileiro.

Talidomida também retorna ao palco e é humilhada sexualmente pela Besta, enquanto chega um bolo de aniversário de 500 anos. Os Anjos Rebeldes e o Anjo Poderoso interrompem a festa. Disparando palavras bíblicas, destroem o ambiente e matam pessoas com suas escopetas, cassetetes e revólveres.

Após a destruição da boate, espectadores e personagens passam por um corredor polonês, formado pelos Anjos Rebeldes e Anjo Poderoso. Enquanto passam, os Anjos forçam personagens e público a ver corpos pendurados e enforcados. Chacrinha oferece presunto de membros humanos ensanguentados.

O terceiro movimento da peça é demarcado pelo início dos julgamentos. Para tanto, Anjos Rebeldes revelam regras que enquadram e penitenciam todos que ali estão: tanto o silêncio, a fala, o movimento e o não movimento incriminam qualquer um. João, que assiste a tudo, clama misericórdia e leva um tapa do Anjo Poderoso. O Juiz adentra o tribunal com um chinelo que utilizará como o martelo que inicia e finaliza as sentenças proferidas. Carrega uma pilha de livros ensanguentados e cheios de pregos. Come pão e é servido com vinho.

A primeira a ser julgada é Talidomida do Brasil, que defende-se com o mesmo discurso inicial, ou seja, por meio dos fundamentos da República. Ao final, Juiz e público atiram-lhe ovos. Os próximos a serem examinados são os Palhacinhos 1 e 2 e o Coelho. Ao suplicarem a absolvição, os artistas-camelôs passam um maço de notas para o Juiz. Sarcástico, o Juiz apenas coloca-os no colo e surra-lhes as nádegas pois, segundo o seu raciocínio, "os brasileiros não têm culpa de ser brasileiros". Vendo que sobrou apenas o Coelho no tribunal, e sendo essa a única testemunha da propina que recebeu, o Juiz apenas vira-lhe a cabeça para trás e passa uma fita crepe na boca.

A próxima a ser condenada é a Noiva. Depois de passar por uma sessão de eletrochoques e ser ameaçada com um rato colocado na direção da sua vagina, a Noiva consegue completar o seu discurso: dá de comer a quem tem fome porque o seu corpo é uma árvore que dá frutos; dá de beber a quem tem sede porque possui um rio dentro de si; conforta os aflitos porque os confortando, alivia o seu coração.

Figura 65 – Palhacinho 2 (Miriam Rinaldi), Juiz (Sergio Siviero) e Palhacinho 1 (Luís Miranda). Foto: Otavio Valle

Figura 66 – Noiva (Miriam Rinaldi). Foto: Otavio Valle

Babilônia, a próxima indiciada, não é condenada pelo Juiz, pois a sua trajetória é o próprio sinônimo da morte próxima. A Besta, aliando-se ao Juiz e querendo se poupar de possível julgamento, executa Babilônia com um saco de supermercado, torcendo o pescoço dela como o de uma galinha. Mas nem a Besta é poupada: o Juiz ordena que confesse seus pecados. Ela o desafia, provocando-o e mostrando-lhe o quão infeliz ele é pela sua perfeição. Anjo Poderoso, castra a Besta e os Anjos Rebeldes a retiram do tribunal. Pouco depois, trazem um boneco parecido com Babilônia e lincham-no.

No entanto, o Anjo Poderoso também não é poupado de sentença. Há um duelo de palavras bíblicas entre os dois e, não querendo matá-lo, o Juiz ordena que ele saia dali. Ao final, não havendo ninguém para absolvê-lo, o próprio Juiz enforca-se.

O quarto e último movimento do texto se dá com um Velho lendo a *Bíblia* para a Criança e explicando-lhe o início da criação do mundo. A Criança – que encontra-se sentada no colo do Velho – o faz sentar-se em seu colo e repete as mesmas palavras. João depara-se novamente com o Senhor Morto e suplica--lhe que o deixe caminhar sozinho.

João oferece-lhe um cigarro e consegue, pela primeira vez, ser atendido: o Senhor Morto sai. Depois, João pega a sua mala e segue em direção à rua, até desaparecer.

Evangelho para lei-gos

Uma Sanfoneira recepciona o público. Toca o seu instrumento e pede esmolas. Posteriormente, abre a porta que dá acesso ao banheiro público. Em uma das vitrines, Jesus comprime o seu rosto, deformando-o. Jesus Policial e Jesus Assistente Social o iluminam com suas lanternas. Ele foge dos dois e se enclausura na cabine sanitária de Maria.

Sanfoneira desliga a luz do espaço. Escuridão total. Depois, luz apenas entre o vão da porta e o chão, onde aparece a cabeça de Jesus 1 sobre uma mancha de sangue. Ele constata que o chão está tão frio quanto o seu sangue. Jesus Assistente Social faz anotações. Jesus Policial saca um revólver. Defende que o dinheiro do Estado deveria ser aplicado em munição para tirar a vida de quem já nasce morto, socialmente. Jesus Assistente Social o enfrenta com a argumentação de que a sua arma é a caneta.

Uma sequência de gemidos e gritos passa a acontecer, simultaneamente. Ouvem-se gemidos que vêm da cabine sanitária de Maria. A luz revela apenas as suas mãos. Ela se segura como pode. Tem nos gemidos a agonia de quem pratica um aborto. Bate o seu corpo contra a porta. Simultaneamente, José também geme. No seu gemido, expressa a dificuldade de defecar. A luz revela apenas uma calça arriada sobre os seus pés. Jesus 1 dorme sobre as cabines sanitárias e na sua aflição sente as dores do aborto que ora acontece. Maria mistura os gemidos com um grito ensurdecedor. Segundos depois aparece um fio de sangue que escorre pela sua perna. José dá descarga no vaso sanitário. Jesus 1 acorda. Acomoda-se em posição fetal. Olha para a mancha de sangue no chão e amaldiçoa a vida ainda no ventre materno.

Elza, a Vizinha da Esquerda, tenta ler com certa dificuldade o significado de "Evangelho" em um dicionário. No momento em que cita uma das definições dessa palavra – "Coisa que se tem por verdadeiro, ou que é digna de crédito" – Marli, a Vizinha da Direita, cobra-lhe o aluguel. A devedora não responde e Marli resolve tocar no seu ponto fraco, ou seja, afirma que não é para Elza se fazer de besta porque retardada é apenas a filha dela. Fátima que, até então permanecia deitada no colo de Elza, começa a ser espancada pela mãe. Jesus 1, que assiste a tudo, olha para a sua cédula de identidade e renega o próprio nascimento.

Figura 67 – Jesus Assistente Social (Leonardo Mussi), Jesus 1 (Bruno Feldman) e Jesus Policial (Daniel Ortega). Foto: Eduardo Raimondi

Figura 68 – Marli, a Vizinha da Direita (Bia Szvat) e Jesus Policial (Daniel Ortega). Foto: Eduardo Raimondi

Figura 69 – Fátima (Roberta Ninin) e Jesus Policial (Daniel Ortega).
Foto: Eduardo Raimondi

A DRAMATURGIA E A ENCENAÇÃO NO ESPAÇO NÃO CONVENCIONAL **207**

O barulho de espancamento invade o ambiente. Luz revela Marli. Ela faz um curativo pois, em uma de suas pernas, se vê a marca de um ferro de passar roupas. Jesus Policial colhe informações. Marli sofreu agressões do marido e tem, como testemunha, Maria.

O policial pergunta-lhe se Marli quer registrar queixa, mas ela desiste, uma vez que não tem documentos. Jesus 1 continua a olhar a sua cédula de identidade.

Jesus Policial e Jesus Assistente Social iluminam Fátima. Ela, com dificuldade motora, tenta fazer um desenho da sua família. Jesus 1 aconselha a menina a apagar a imagem do pai, uma vez que ela nunca o conheceu. Em posição fetal, ele comenta que também se sente um pouco morto, um pouco apodrecido e compara a sua vida à água do esgoto. Novos barulhos da descarga invadem o ambiente. Simultaneamente à ação anterior, Jesus Policial e Jesus Assistente Social realizam um balanço de seus bens materiais e Jesus 1 comenta que ganhou apenas doze reais ao trabalhar um dia inteiro em um lava-rápido. Ele afirma que colocou a cabeça entre as pernas enquanto via a água suja dos carros a correr pela sarjeta. Jesus Policial ilumina o desenho de Fátima a boiar no xixi que ela fez.

Os três Jesus voltam a conversar sobre valores. Falam de preços de carros velhos. Apontam a lataria enferrujada e a documentação ilegal como principais motivos para a desvalorização dos automóveis, enquanto iluminam o corpo sujo e ferido de José. Ao final, Jesus 1 chega à conclusão de que os carros, em média, valem dez mil reais e, naquele único minuto em que ele ficou com a cabeça entre as pernas, cem mil reais passou na frente dele.

Elza prende a cabeça de Fátima entre as suas pernas. À frente, o desenho e um colar boiam no xixi da menina. Força Fátima a lamber a urina. Posteriormente, confessa à filha que não tem mais condições de trabalhar colando miçangas para pagar o aluguel do boxe porque as pontas dos seus dedos doem. Jesus 1, passa a contabilizar o trabalho de Elza. Segundo ele, cada pedrinha colada no pingente vale um centavo e no mês, Elza faz três mil colares. Simultaneamente à narrativa de Jesus 1, Elza bate na filha, mas para porque também a ponta dos seus dedos dói.

As pancadas no corpo de Fátima se intercalam com o barulho que vem da cabine sanitária de Maria. Outro fio de sangue escorre de sua perna. Cai sobre a mancha de sangue uma agulha de tricô.

Figura 70 – Jesus 1 (Bruno Feldman). Foto: Eduardo Raimondi

Marli passa de boxe em boxe para cobrar o aluguel. Ninguém abre as portas. Irritada, ela arranca uma barriga postiça – que guarda alimentos, pois seu marido costuma saqueá-la. Afirma que não mais irá se passar por grávida para assegurar a moradia de ninguém. Exige que, a partir daquele momento, alguém daquele lugar engravide.

José e Maria, em seus gemidos, exteriorizam o prazer de uma transa. Enquanto ele a possui, ela contabiliza os filhos que teve. Atingem ao orgasmo e Maria clama: "Ai, meu Senhor Jesus". Jesus 1 enche a mão de comprimidos e coloca-os na boca. Elza comenta que Jesus sempre teve vocação para a morte; Marli discorda e afirma que Ele queria viver, mas os espinhos que entraram em sua carne abriram chagas difíceis de serem fechadas. Elza, sem entender, pergunta: "Espinho? Não foi agulha de tricô?". Jesus Policial e Jesus Assistente Social apanham comprimidos que caíram no chão e levam às suas bocas. Ambos entregam seus espíritos nas mãos do Pai.

Sanfoneira ilumina a mancha de sangue. Vizinhas acodem Maria. A última comenta que o filho nasceu morto, mas Marli descobre que a criança está viva. As vizinhas se apressam em escolher um nome para o rebento e entendem que, pela cara de sofrimento da criança, ela só pode ter um nome: Jesus.

Figura 71 – Elza, a Vizinha da Esquerda (Solange Moreno). Foto: Eduardo Raimondi

Figura 72 – Elza, a Vizinha da Esquerda (Solange Moreno) e Fátima (Roberta Ninin). Foto: Eduardo Raimondi

A DRAMATURGIA E A ENCENAÇÃO NO ESPAÇO NÃO CONVENCIONAL 211

Da cabine de Maria, surge uma mão que entrega um cordão umbilical a Jesus 1. Em um rompante, ele enrola o próprio cordão em seu pescoço. José diz a Maria que está com a corda no pescoço e pede para a mulher abortar a criança. Ele prefere que o filho morra no vente, em vez de perecer de fome. Fátima raspa um prato. Elza se irrita e culpa a filha por não receber os insumos que o governo oferece àqueles que estudam. Marli instiga Elza a prostituir a filha, uma vez que a menina tem um bonito corpo. Numa atitude de fúria, Elza sai da sua cabine para tirar satisfações, mas desiste. Procura bitucas de cigarro nos buracos dos sofás em que o público está sentado. Enquanto fuma, encosta-se numa das vitrines. Vê etiquetas adesivas que contém anúncios de prostituição e lê com dificuldade.

Volta a sua cabine e arrasta Fátima até a vitrine. Passa batom, pendura uma bolsa na filha. Percebe que as pernas e os braços de Fátima estão muito tortos. Tenta endireitá-los, mas como o problema da filha é crônico, desiste e vai embora. Depois de alguns instantes, a filha pronuncia uma única palavra: "Fome".

Na escuridão, se ouvem barulhos de talheres. Jesus corta um pão, mas, à medida que olha a lâmina, leva-a até ao seu pescoço. Jesus Policial e Jesus Assistente Social questionam porque o Pai concedeu-lhes o seio materno. Elza lê um trecho da *Bíblia*: "Tomai e comei todos vós". Marli reclama da cesta básica que ganha e acusa Jesus de comunista.

Jesus Policial e Assistente Social caminham até a mancha de sangue. Entre seus pés, se encontra a agulha de tricô. Marli e Elza passam panos no chão. Reclamam que mancha de sangue, às vezes, não sai. Maria, sobre a mancha, repete as últimas palavras das vizinhas, que entoam um lamento e evocam um enterro. Delirante, Maria passa a depor e confessa os inúmeros assassinatos que cometeu. Os três Jesus relembram as ações que os levaram à morte. Maria se declara assassina. José, ao ver a mulher prostrada sobre a mancha de sangue, a retira dali. Afirma que ela deve esquecer o que se passou. Jesus 1 invoca as trevas e a sombra da morte. Policial e Assistente Social defendem a necessidade de suas profissões.

Enquanto o Assistente Social vê a sua caneta como uma arma contra a desigualdade social, o Policial entende que a sua atividade se faz necessária porque existem pessoas que já nascem mortas socialmente e só com o tiro do seu revólver o problema é resolvido. Jesus 1 encontra-se sobre a mancha de sangue novamente. O Policial entrega-lhe o revólver; o Assistente Social faz anotações e a escuridão toma conta do espaço. Sanfoneira liga a luz, toca o seu instrumento e abre a porta para o público se retirar.

Anexo II
Participantes dos processos

Para a construção das dramaturgias investigadas nesse trabalho, é fundamental a participação de um coletivo criador. Os textos em questão são criados a partir de contribuições, não apenas da equipe que participa das encenações efetivamente. Em função dos longos percursos para a realização dessas encenações, há constantes substituições e, em dois espetáculos, a colaboração do coletivo se efetiva de forma diferenciada.

Em *Apocalipse 1,11*, o Teatro da Vertigem, após receber o Prêmio de Residência da Secretária de Estado da Cultura de São Paulo, abre seus processos publicamente. Para cumprir com os compromissos firmados com esse órgão público, o grupo passa a compartilhar suas investigações com alunos inscritos em oficinas que, segundo o autor Fernando Bonassi (2002, p.186), "também transformaram criativamente o resultado".

Os quatro anos de investigação para a realização de *Evangelho para lei-gos* propiciam três experimentos em locais diferentes e, consequentemente, há a alternância de três equipes.

Por se tratar de espetáculos que são criados a partir de um coletivo criador, incluímos nesse anexo as fichas técnicas, bem como os nomes daqueles que participam em determinados momentos dos processos.

Com relação às denominações das atividades dos profissionais envolvidos, seguimos aquelas citadas nos programas e demais materiais relacionados aos espetáculos.

O paraíso perdido

Criação: Teatro da Vertigem.

Dramaturgia: Sérgio de Carvalho.

Roteirização: Antônio Araújo e Sérgio de Carvalho.

Atores: Cristina Lozano, Daniella Nefussi, Eliana César, Evandro Amorim, Johana Albuquerque, Lucienne Guedes, Marcos Lobo, Marta Franco, Matheus Nachtergaele, Sérgio Mastropasqua e Vanderlei Bernardino.

Músicos: Atílio Marsiglia (violino), Fabiana Lian (voz), Flávia Campos (voz), Isaías Cruz (violino), Laércio Resende (órgão), Magda Pucci (percussão), Marcos A. Boaventura (percussão), Marta Franco (voz), Miguel Barella (guitarra) e Paulo Scharlack (guitarra).

Concepção e direção musical: Laércio Resende.

Figurinos, adereços e visagismo: Fábio Namatame.

Iluminação: Guilherme Bonfanti e Marisa Bentivegna.

Coordenação de pesquisa corporal: Antônio Araújo, Daniella Nefussi, Lúcia Romano e Lucienne Guedes.

Assessoria Corporal: Cibele Cavalcanti (Laban), Lúcia Romano (Laban), Marcelo Milan (acrobacia), Maria Thaís (acrobacia) e Tica Lemos (improvisação de contato).

Concepção gráfica e concepção espacial: Uni-*Design* e Arquitetura.

Fotografia: Eduardo Knapp.

Consultoria teórica em física: Andréa Bindell.

Produção executiva e administração: G. Petean, Danilo Ravagnani e Teatro da Vertigem.

Concepção geral: Antônio Araújo.

A DRAMATURGIA E A ENCENAÇÃO NO ESPAÇO NÃO CONVENCIONAL 215

O livro de Jó

Criação: Teatro da Vertigem.

Dramaturgia: Luís Alberto de Abreu.

Atores: Daniella Nefussi (Mulher de Jó, 1995), Joelson Medeiros (Sofar, 1997), Lismara Oliveira (Coro, 1995/1996), Luciana Schwinden (Mulher de Jó, 1998), Marcos Lobo (Sofar, 1996), Mariana Lima (Mulher de Jó, 1995/1997), Matheus Nachtergaele (Jó, 1995/1997), Miriam Rinaldi (Elifaz, Coro), Roberto Audio (Jó, 1998), Sergio Siviero (Mestre, Eliú), Siomara Schröder (Sofar, 1995/1996), Suia Legaspe (Coro, 1996) e Vanderlei Bernardino (Contramestre, Baldad).

Músicos: Alexandre Galdino (voz), Camila Lordy Costa (teclado, voz), Flávia Campos (voz), Giovanna Sanches (voz), José Eduardo Areias (voz), Miriam Cápua (percussão, voz), Rita Carvalho (voz) e Roseli Câmara (percussão, voz).

Participaram também da temporada desse espetáculo os músicos: Adriana Pastorelo (voz), Fabiana Lian (voz), Magda Pucci (teclado) e Regina Leite (voz).

Composição e direção musical: Laércio Resende.

Figurinos e visagismo: Fábio Namatame, Eduardo Oliveira (estagiário), Stella Bierrenbach (estagiária), Tina Krug (estagiária) e Maison Lucy Franca (confecção).

Iluminação: Guilherme Bonfanti, Joyce Drummond (assistente), Sidnei Rosa (execução do projeto), Marcos Franja (operador, 1995/1998), Marisa Bentivegna (operadora, 1996) e Joelson Medeiros (operador, 1996).

Ambientação cenográfica: Marcos Pedroso e Sergio Siviero (assistente).

Projeto acústico: Kako Guirado.

Coordenação teórica: Ivan Marques.

Programa: Jimmy Leroy (*design* gráfico), Burritos do Brasil (programação visual), Lenise Pinheiro (fotografia), Sergio Siviero (assistente de programação visual).

Convite: Francisco Leopoldo (programação visual), João Bento (programação visual), Fábio Carvalho (fotografia) e Yara Goulart (assistente de programação visual).

Assistente de direção: Marcos Lobo.

Apocalipse 1,11

Criação: Teatro da Vertigem.

Dramaturgia: Fernando Bonassi.

Atores: Joelson Medeiros (Anjo Poderoso), Luciana Schwinden (Talidomida do Brasil, Homem Machucado), Luís Miranda (Carteiro, Policial Fundamentalista, Benedito, Pastor Alemão, Palhacinho 1), Mariana Lima (Babilônia), Miriam Rinaldi (Noiva, Palhacinho 2), Roberto Audio (Senhor Morto e Besta), Sergio Siviero (Juiz) e Vanderlei Bernardino (João).

Participação Especial: Aline Arantes (Criança), Amanda Viana e Wagner Viana (Bartira e Aritana – casal de sexo explícito), Kleber Vallim (Policial Fundamentalista, Coelho, Chacrinha, *Go-go boy*, Pai).

Elenco convidado: Alexandre Russin, Eduardo Avelino, Marçal Costa, Pedro Vieira, Tales Vinícius (Policiais Fundamentalistas, Adoradores).

Cenografia: Marcos Pedroso.

Direção musical e trilha sonora: Laércio Rezende.

Figurinos: Fábio Namatame.

Desenho de luz: Guilherme Bonfanti.

Dramaturgismo: Lucienne Guedes.

Direção de cena e administração: Eliana Monteiro.

Projeto acústico: Kako Guirado (Usina Sonora).

Assistente de direção: Marcos Bulhões.

Operação de som: Cláudio Gutierrez e Luciana Jesus Mendes.

Operação de luz/assistência: Fernando Carvalho e Luciana Facchini.

Contrarregra e assistência de cena: Stella Marini, Verena Gorosiaga e Zan Martins.

Preparação corporal: Alexandre Gusmão (kempô), Ana Neves (kempô), Ariela Goldmann (luta cênica), Claudia Wonder (assistência de travestismo), Janja (capoeira de Angola), Neno Andrada (kempô), Poloca (capoeira de Angola), Sérgio Resende (kempô) e Simone Shuba (meditação Rajneesh).

Preparação vocal: Mônica Montenegro.

Fotografia: Claudia Calabi, Claudia Garcia, João Wainer, Lenise Pinheiro, Luciana Facchini, Marisa Bentivegna e Renato Chauí.

A DRAMATURGIA E A ENCENAÇÃO NO ESPAÇO NÃO CONVENCIONAL **217**

Foto do cartaz: Cláudia Calabi.

Documentação em vídeo do processo: Berenice Haddad Aguerre.

Projeto gráfico: Luciana Facchini.

Produção executiva (a partir de 7/2000): Paulo Farias e Roberta Koyama.

Assessoria de imprensa: Márcia Marques (Canal Aberto).

Direção de produção: Fernanda Signorini.

Tour manager: Marcos Moraes.

Colaboração no projeto: Celso Cruz (dramaturgismo primeiro *workshop*), Débora Serretielo (atriz da primeira fase), Gilles Chaissing (produção da primeira fase).

Realização: Teatro da Vertigem e Sociedade Pró-Projeto Teatral Dano Brasileiro.

Concepção e direção geral: Antônio Araújo.

Montagem técnica/Cenografia: Carol Ferreira, Daniela Carmona, Fabrício Lopez, Felipe Espíndola, Meire Lima, Marina Reis, Oséas Borges, Tomi Sato, Zan Martins e Zé Ferreira.

Cenotécnica: André Chimanski, Esmeraldo e equipe, Fabrício Lopez, Leonardo Bezerra, Marcos Vinícius Fernandes e Vinícius Simões.

Serralheria: Cezar Almeida.

Adereços: Márcia de Barros.

Iluminação: Alexandre Bafé, Camilo Bonfanti, Cocada, Jeová, João, Miló Martins e Oséas Borges.

Som: André Melhado (Usina Sonora).

Produção executiva: Adriana Oddi e Silvania Barbosa.

Participantes de oficinas: Dramaturgismo: Fransueldes de Abreu, Giuliano Tierno de Siqueira, Graça de Andrade, Maria Tereza Moreira Jesus, Newton Fábio Cavalcanti Moreno.

Introdução à interpretação teatral: Ana Paula Stanen Marques, Cristiano Sales, Kelly Alonso, Luciane Lima dos Santos, Merione Martins.

O ator e o criador: Édson Lopes Lima Filho, Elizabeth F. Pereira, Érika Puga, Luciana Teixeira, Luciano Jesus Mendes, Marçal Henrique da Costa, Marcelo Gavião Arosa, Mônica Vieira Vaz.

Interpretação: Ana Fátima dos Santos, Carina Casuscelli, Daniela Renzo, Eduardo Ferreira Avelino, Elizabeth Firmino, Fausto Lessa, José Geraldo Filé, Júlia Mascaro, Laís Barreto, Marçal Costa, Meire Lima, Mônica

Vieira Vaz, Nilson Muniz, Paulo Pontes, Reynaldo Gianecchini, Sandra Vilches, Tadeu Maraston.

Cenografia: Elaine Timerman, Frank Dezeuxis, Silvia Urnanskis, Siva Rama Terra.

Iluminação: Carlos Roberto Valério, Cláudio Guttierrez, Fernanda Carvalho, Luciana Facchini.

Integração de ruídos com música: André C. Cavalcanti, André Luís Evaristo, Cecília Von Adamovich, Luciano Jesus Mendes.

Direção: André Bortolanza, Gláucia Felipe, Kleber Vallim, Péricles Raggio, Silvania Barbosa, Simone Shuba, Stella Marini, Verenna Gorostiaga.

Produção: Marcelo Barraco, Reinaldo Botelho, Tatiana. Projetos de viagens e intercâmbio: Fernanda Rapisarda e Vanessa Vallim.

Evangelho para lei-gos

Banheiro público do Viaduto do Chá, 2004

Elenco: Bia Szvat (Marli, a Vizinha da Direita), Bruno Feldman (Jesus), Daniel Ortega (Jesus Policial), Leonardo Mussi (Jesus Assistente Social), Osvaldo Anzolin (José), Roberta Ninin (Fátima), Solange Moreno (Elza, a Vizinha da Esquerda). Atriz convidada: Gilda Vandenbrande (Maria). Colaboraram os atores: Carol Bezerra, Cic Morais, Fabiano Geuli, Nani di Lima, Nilva Luz, Raphael Garcia e Sueli Gonçalves.

Cenografia: Osvaldo Anzolin.

Figurinos: Fabiana Bueno de Castro.

Assistente de figurinos: Tábata Costa.

Iluminação: Edu Silva.

Montagem de iluminação: Cic Morais, Douglas Fernando, Edu Silva, Evill Rebouças e Thiago Barboza.

Músicas originais: Eliseu Paranhos.

Execução musical: Cláudia Cascarelli.

Direção musical: Gilda Vandenbrande.

Fotos de divulgação e ensaios: Eduardo Raimondi, Jefferson Coppola e Marina Takami.

Colaboração poética: Marcelo Maluf.

Dramaturgia e encenação: Evill Rebouças.

Realização: Cia. Artehúmus de Teatro.

Banheiro público do Instituto de Artes da Unesp, 2002

Dramaturgia: Evill Rebouças.

Encenação: Evill Rebouças e Reynúncio Napoleão de Lima (coordenação).

Elenco: André Rosa, Evill Rebouças, Fátima Lima, Henrique Guimarães, Lígia Borges, Marcelo Maluf, Osvaldo Anzolin, Roberta Ninin, Solange Moreno e Solange Nascimento.

Cenografia: Osvaldo Anzolin.

Figurinos: o grupo.

Iluminação: Fábio Supérbi, Guilherme Telles e Rodolfo Vilaggio.

Músicas originais: Kika Carvalho.

Execução musical: Kika Carvalho, Leon Bucaretchi e Tânia Weber.

Direção musical: Kika Carvalho.

Banheiro público da Escola Livre de Teatro (ELT), 2000

Dramaturgia: Evill Rebouças e Luís Alberto de Abreu (coordenação).

Encenação: Simone Alessandra e Antônio Araújo (coordenação).

Elenco: César Marchetti, Fábio Santos, Helena Bento, Lila Venuccini e Solange Moreno.

SOBRE O LIVRO

Formato: 14 x 21 cm
Mancha: 23,7 x 42,5 paicas
Tipologia: Horley Old Style 10,5/14
Papel: Off-set 75 g/m² (miolo)
Cartão Supremo 250 g/m² (capa)
1ª edição: 2009
1ª reimpressão: 2012

EQUIPE DE REALIZAÇÃO

Coordenação Geral
Marcos Keith Takahashi

Edição de Texto
Cristiane de Paula Finetti Souza (Atualização Ortográfica)

Editoração Eletrônica
Casa de Ideias (Diagramação)

Impressão e acabamento